W0040052

Wie ist die Welt so stille

24 Geschichten zur guten Nacht

EIN ADVENTSKALENDER

benno

Bibliografische Information
der Deutschen Nationalbibliothek
Die Deutsche Nationalbibliothek verzeichnet diese
Publikation in der Deutschen Nationalbibliografie;
detaillierte bibliografische Daten sind im Internet über
http://dnb.d-nb.de abrufbar.

Besuchen Sie uns im Internet:
www.st-benno.de

Gern informieren wir Sie unverbindlich und aktuell
auch in unserem Newsletter zum Verlagsprogramm, zu
Neuerscheinungen und Aktionen. Einfach anmelden unter
www.vivat.de.

ISBN 978-3-7462-6397-7

© St. Benno Verlag GmbH, Leipzig
Zusammenstellung: Volker Bauch, Gößnitz
Covermotiv: © stock.adobe.com/Мария Тарасова
Umschlaggestaltung: Ulrike Vetter, Leipzig
Gestaltung & Gesamtherstellung: Kontext, Dresden (A)

Adventssegen

Mögest du einen Platz finden,
an dem du dich geborgen fühlst.
Die Zeit des Advents schenke dir
den Frieden in der Stille,
eine Kerze,
die dir in der Dunkelheit den Weg zeigt,
einen Schimmer Ewigkeit
in deinem Herzen
und eine Tür, die dich weit geöffnet
am Ziel willkommen heißt.

Vom Sinn und Unsinn des Wartens

Mit dem Wort „warten" verbindet sich irgendwie immer etwas Ungewisses. Man weiß nicht genau, was kommt und wie es ausgeht. Es kann aber auch sein, dass man vergeblich wartet, im Guten wie im Schlechten. Man erwartet beispielsweise etwas Schlimmes und dann stellt sich heraus, dass es nicht halb so schlimm war oder sogar erfreulich.

Das vergebliche Warten hat seinen literarischen Niederschlag in dem Stück von Samuel Beckett „Warten auf Godot" gefunden. Warten kann also mit Enttäuschung, aber auch mit einer freudigen Überraschung enden. Es kann aber auch so sein, dass man vor „Warten" und Ausgerichtetsein auf die Zukunft die Gegenwart ganz und gar vergisst. Da gab es einmal ein Chanson: „Im Wartesaal zum großen Glück, da warten viele, viele Leute, warten seit gestern auf das Glück von morgen und vergessen, es ist ja noch heute, die armen, armen Leute."

Warten hat etwas von Spannung in sich. Das kann eine nervöse Spannung sein, aber auch ein Warten in der Vorfreude, die manchmal sogar schöner ist als die eigentliche Freude. Besser wohl ausgedrückt: Die Vorfreude ist eine ganz eigenständige Freude. Man kann etwas kaum noch erwarten, man ist gespannt, es kribbelt einen förmlich, doch ist es schön, diese Spannung durchzuhalten. Da hat man in der Erziehung der Vergangenheit gewiss einige Fehler gemacht. Denn, so verkehrt es ist, eine solche Spannungshaltung im Sinne des „Schmorenlassens" aufzubauen, so unsinnig ist es auch zu glauben, man solle jede Spannung, jede Erwartung aus dem Leben des jungen Menschen herausnehmen, weil ja sonst „Frustrationen" entstehen könnten.

Es war und ist ein großer Irrtum zu glauben, dass die sofortige Befriedigung der Bedürfnisse schon das Glück des Menschen automatisch darstellt. Sind es nicht, um mit Goethe zu sprechen, oft die sauren Wochen, die die frohen Feste ermöglichen? Kann sich der wirklich freuen, der sofort all das, was er will, bekommt? Denken Sie an das Märchen vom Schlaraffenland! Die gebratenen Tauben, die in den Mund fliegen, werden nach kurzer Zeit langweilig.

Vielleicht ist es sogar heute eines der größten Probleme, dass wir immer unfähiger geworden sind, etwas abzuwarten - keinen Spannungszustand mehr durchzuhalten. Damit werden eben die Feste immer „unfestlicher". Denken Sie nur daran, dass infolge des modernen Komforts weitgehend alles über das Jahr immer vorhanden ist, zum Beispiel die frischen Erdbeeren, der Spargel usw. Zumindest in Konservenform ist jeder Genuss sofort abholbar. Brachte es nicht mehr Freude, früher auf die ersten Erdbeeren, die ersten Kirschen zu warten? Das lässt sich sicher nicht mehr rückgängig machen, bedeutet aber meines Erachtens einen Freudenverlust.

Macht es nicht das Besondere eines Buches aus, dass es spannend ist, das heißt, dass man warten muss, sich durchlesen, bis man erfährt, wie es ausgeht? Und ist es nicht auch überhaupt eine spezifische Form des Glückes, dass man eben nicht genau weiß, ob etwas glückt?

Der Advent ist die Zeit der Erwartung, der Erwartung des Herrn. Was ist es für eine Erwartung, die wir heute haben? Diejenige, die man jetzt oft in den Worten ausgedrückt hört: „Froh bin ich, wenn das Ganze wieder vorbei ist. Ich schnaufe erst nach den Weihnachtsfeiertagen wieder auf." Ist es noch die kindliche Erwartung, was sich wohl am 24. Dezember hinter der verschlossenen Tür alles Schönes verbergen wird? Ist es die Vorfreude auf das endgültige Kommen des Herrn, der ja auch lange auf sich warten ließ, wie das so schön in dem alten Lied „Tauet Himmel den Gerechten" ausgesagt wird? Wer könnte von sich sagen, dass nicht auch immer ein wenig Unsicherheit mitschwingt, was uns bei dieser Niederkunft erwartet. Aber natürlich hoffen wir, dass es eben kein „Warten auf Godot" sein wird und dass es dann etwas Gutes ist, das uns erwartet, und nicht das, was uns im Evangelium immer wieder erzittern lässt, sollten wir zu den „Schafen zur Linken" gehören.

Die Tage des Advents sollten uns eigentlich ein wenig Zeit lassen, über all unsere Erwartungen etwas nachzudenken. Was erwarten wir vom Leben, von der Zukunft, vom anderen, von Gott? Aber auch, was erwarten andere von uns, was erwartet Gott von uns? Wie sind wir bisherigen Erwartungen gerecht geworden? Überwiegen in unseren Erwartungen Furcht und Angst oder Hoffnung und Vertrauen? Auf alle Fälle wird uns beim Überdenken dieses Wartens deutlich werden, dass uns Grenzen gesetzt sind und dass wir nicht alles machen und herstellen können, sondern dass es noch etwas anderes beziehungsweise jemand anderes gibt, von dem wir abhängen, unser Leben und unsere Zukunft. Es bleibt jedem von uns überlassen, in dieser Zeit des Advents, gerade jetzt, da die Tage trüber sind und die Nacht früher kommt, Lichter der Hoffnung zu entdecken oder auch bei anderen solche kleinen Lichter anzuzünden.

Helmut Zöpfl

Schneekristall

Draußen begann es zu schneien. Sie stand am Fenster und starrte in das diffuse Licht, in dem dicke Flocken wild durcheinanderwirbelten. Gedanken und Erinnerungen jagten durch ihren Kopf und ihr wurde dabei schwindlig. Es war aus. Wieder einmal.

Katja drehte sich um und schaute Mike ins Gesicht. Der zündete sich eine Zigarette an und nahm einen tiefen Zug. Katja war schwindlig zumute.

„Gut ... Wie du willst ... Ich gehe ..."

Drei Jahre hatte sie mit Mike zusammengelebt. In den letzten Monaten war es schwieriger geworden. Sie hatte sich nicht viel dabei gedacht. Jetzt aber wusste sie es: Mike hat eine andere. Ganz cool und lässig hatte er es ihr gesagt. So wie man jemandem mitteilt, dass heute keine Zeitung im Briefkasten war.

Äußerlich blieb Katja gefasst. Mit versteinertem Gesicht hatte sie sich umgedreht und zum Fenster hinausgestarrt. Nur keine Tränen zeigen. Mike sollte sie jetzt nicht weinen sehen. Katja ging zur Tür.

„Ich suche mir eine Wohnung und dann hole ich meine Sachen."

„Und wo wirst du heute übernachten?"

Die Stimme von Mike klang sachlich und kühl.

„Du brauchst dich um mich nicht zu kümmern! Ich schaff das schon allein."

Mike zuckte die Schultern und drehte sich zum Fenster, während Katja hinausging.

Im Auto war es eisig kalt. Der Wagen sprang sofort an und die Scheibenwischer schoben die Schneeflocken mit einem quietschenden Geräusch beiseite. Katja ließ die Heizlüftung laufen, während sie mit dem Handy bei Birgit anrief.

„Kann ich heute bei dir übernachten?"

„Kein Problem! ... Ist irgendetwas?"

„Mike hat mich rausgeworfen. Er hat eine andere."

„Uff! Ja, komm sofort. Aber fahr vorsichtig!"

Katja ließ den Motor aufheulen und fuhr los. Sie war immer noch fassungslos. Warum musste ihr das passieren - und nicht zum ersten Mal? Dunkle Gefühle stiegen in ihr auf, während sie die Stadtautobahn verließ und auf einer unbeleuchteten Nebenstraße in die Nacht hinausfuhr. Es war fürchterlich, so schnell ausgetauscht zu werden. Schon damals hatte sie schrecklich darunter gelitten, weggestoßen zu werden.

„Wie eine Puppe, die man in die Ecke wirft, wenn man keine Lust mehr hat, mit ihr zu spielen ...", murmelte sie halblaut vor sich hin.

„Ich will nicht von heute auf morgen ausgewechselt werden. Einmalig will ich sein!"

Die Landstraße war schmal und kurvenreich. Die Scheinwerfer der entgegenkommenden Fahrzeuge blendeten. Obwohl Katja sehr aufgewühlt war, versuchte sie, ruhig und aufmerksam zu fahren. Nach einer Kurve geriet sie in das volle Scheinwerferlicht eines Lastwagens, der nicht abgeblendet hatte. Einen Augenblick lang sah Katja nichts als die grellen Lichter, die auf sie zurasten. Sie bremste und versuchte ihr Auto ganz rechts zu halten. Plötzlich spürte sie, dass sie mit den Rädern der Beifahrerseite bereits von der Straße abgekommen war. Der Lastwagen befand sich nun direkt neben ihr und sie wagte nicht, das Lenkrad nach links zu korrigieren.

Jetzt ging alles ganz schnell. Ein kurzes, heftiges Holpern über einen gepflügten Acker. Dann überschlug sich der Wagen und kam zum Stehen. Oder doch noch nicht. Katja schaute entsetzt auf einen dunklen Schatten, der direkt auf sie zuraste. Ein Baum. Mit einem Schlag wurde

Katja nach vorn und dann wieder zurück gerissen. Im selben Moment ein lautes Krachen und Bersten. Dann Stille.

Katja spürte einen stechenden Schmerz im Rücken und öffnete die Augen. Eine große Schneeflocke schwebte sanft auf die Windschutzscheibe. Von der Landstraße drüben leuchtete ein Autoscheinwerfer herüber. In seinem Licht war die wundervolle Struktur des Schneekristalls zu erkennen.

„Jede Schneeflocke ist einzigartig. Einmalig schön", flüsterte Katja wie in Trance. Sie nahm noch wahr, wie der Kristall schmolz. Als der Wassertropfen auf der Scheibe langsam herunterkullerte, schwanden Katja die Sinne.

Noch fiel es Katja sehr schwer, sich im Rollstuhl zu bewegen. Der Chefarzt hatte ihr Hoffnung gemacht, dass sie wahrscheinlich wieder ganz normal laufen werde. Bis dahin bräuchte es viel Geduld und wohl auch ein bisschen Glück.

„Wir haben nicht alles in der Hand. Vieles hängt vom Zufall ab."

Mit diesen Worten hatte er Katja in die Rehaklinik geschickt.

Auch heute war Birgit wieder gekommen und schob Katjas Rollstuhl über den Bürgersteig zu einem kleinen Café.

„Hat sich Mike gemeldet?"

„Gestern hat er angerufen und gesagt, ich könnte meine Sachen auch noch später aus seiner Wohnung holen."

„Sonst nichts?"

„Nichts!"

Birgit schüttelte stumm den Kopf.

Im Café sah sie in das tieftraurige Gesicht von Katja, die zu erzählen begann. „Immer wieder denke ich an den Unfall. Das Letzte, woran ich mich erinnere, ist eine Schneeflocke."

„Eine Schneeflocke?"

„Ja! Als mein Wagen gegen den Baum geknallt war, konnte ich im Scheinwerferlicht der Autos, die auf der Straße stehen geblieben waren, auf meiner Windschutzscheibe eine wunderschöne Schneeflocke sehen. Ich habe irgendwo gelesen, dass jeder Schneekristall einzigartig ist. Ganz einmalig. Verstehst du?"

„Noch nicht ganz ..."

„Als ich die Wohnung von Mike verließ, da fühlte ich mich so austauschbar. Und ich spürte den tiefen Wunsch, einmalig zu sein. Gibt es jemanden, für den ich einzigartig bin?"

Birgit reagierte ganz spontan.

„Für mich bist du einmalig und ganz besonders! Du bist meine beste Freundin und es gibt niemanden auf der Welt, den ich für dich eintauschen würde."

„Ich glaube dir das. Aber weißt du, Mike hatte das auch einmal behauptet. Und vorher Thomas ... Ich weiß, dass das bei dir anders ist. Und trotzdem ... Ich möchte nicht nur für dich einmalig sein, sondern insgesamt, für immer. Kannst du das verstehen?"

Birgit nickte. Nach einer langen Pause sagte sie: „Mir fällt ein Lied ein, das wir in unserer Jugendband in der Kirche gesungen haben: Herr, du kennst mich, kennst mich ganz, du weißt um meinen Weg."

Katja lachte kurz und trocken auf.

„Das ist es ja gerade! Ich kann das nicht mehr glauben."

So vieles, was in unserem Leben passiert, ist doch reiner Zufall. Es ist wie bei der Entstehung von Schneekristallen: Sie sind schön, aber nur zufällig geworden. Oder willst du behaupten, dass Gott alles geplant hat? Hat er dann auch meinen Unfall geplant? Oder dass Mike eine andere hat?"

„Es stimmt, vieles ist Zufall. Und trotzdem ... Ich glaube, dass diese Welt Gott nicht gleichgültig ist. Und wenn jeder Mensch für Gott eine Bedeutung hat, dann bist auch du für ihn einzigartig!"

„Das passt doch nicht zusammen. Wenn mein

Schicksal von blinden Zufällen bestimmt wird, wie kann man dann behaupten, dass Gott mein Leben in der Hand hat und mich, ausgerechnet mich will?"

„Hm!", seufzte Birgit nachdenklich und schwieg. Dann sagte sie mit leiser Stimme: „Gott überließ die Welt dem Spiel des Zufalls. Und zugleich ist alles, was geschieht, von ihm gewollt. Meine kleine Tochter zum Beispiel. Auch sie ist zufällig geworden.

Wir hatten sie nicht geplant. Und auch ihr Aussehen, ihre Augenfarbe, ihr Geschlecht, ihre Eigenschaften, all das verdankt sich vielen Zufällen. Und trotzdem lieben mein Mann und ich sie wie niemanden sonst auf der Welt. Sie ist für uns einmalig. Liebe macht einen Menschen einzigartig. Verstehst du, was ich meine?"

Katja schaute zum Fenster und ihr Blick schien sich in unendlichen Fernen zu verlieren.

„Einzigartig sein. Und von Gott einmalig geliebt werden. Wenn ich daran wieder glauben könnte ..."

Ihr Gesicht entspannte sich und die Sorgenfalten auf ihrer Stirn glätteten sich ein wenig. Draußen begann es zu schneien.

Andreas Knapp

Die Steine wackeln

Es war an einem Winterabend, der auf dem Münsterplatz genauso dunkel war wie überall in der Stadt. Es schneite wenige Flocken, die gar keine Lust zu haben schienen, auf die Straße zu fallen, so lange schwebten sie auf und ab in der frostigen Luft. Die Schneeschicht, die schon auf dem Pflaster lag, wurde unter den Schuhsohlen zu einem schmutzigen und nassen Matsch. Alle Leute hatten es eilig.

Sabine auch. Sie hatte die Mütze tief über den Kopf gezogen, und sie lief vornübergebeugt quer über den Platz, die schwere Sporttasche über der Schulter. Sabine merkte, wie ihre Nasenspitze langsam vereiste; bestimmt war sie schon blau verfärbt.

Mitten auf dem Münsterplatz steht ein großes Denkmal aus weißem Stein. Jeder, der quer über den Platz läuft, muss an diesem Denkmal vorbei mit einem kleinen Schlenker nach rechts oder links. Auf dem Sockel steht ein Engel, der die Arme ausbreitet und in der einen Hand einen Zweig hält. Der Lehrer hat, als die Klasse einmal einen Ausflug auf den Münsterplatz machte, erklärt, dass dieser Engel die Stadt segne, ihr Frieden und Glück bringen solle, was jeder am freundlichen Gesicht des Engels erkennen könne. Sabine kam oft an diesem Denkmal vorbei, und um ehrlich zu sein, sie kümmerte sich wenig darum, ob der Engel dort oben lächelte oder nicht. Auch heute hätte sie bestimmt nicht zu der Statue hochgeblickt, wenn sie nicht ein paar Schneeflocken von der Mütze geschüttelt hätte. So sah sie mehr zufällig die dunkle Masse des Steinengels dort oben. Sie blieb plötzlich stehen, klopfte die Handschuhe aneinander, trat von einem Fuß auf den anderen und konnte es nicht glauben: Der Engel dort oben bewegte sich. Er fror, das war deutlich zu sehen. Die Flügel hatte er um seinen – nur leicht mit einer Art Hemd bekleideten – Körper gelegt, wie Sabine trampelte er mit den Füßen im Schnee, der sich auf dem Sockel gelagert hatte, und es sah nicht aus, als lächelte er. Vor Kälte schien sein Gesicht grimmig verzerrt. Sabine schloss die Augen und öffnete sie ganz schnell. Wirklich, der Engel oben schüttelte sich vor Kälte.

„Ich gehe eine Decke holen!", dachte sie und rannte los, und die Tasche klatschte gegen ihre

Beine. Zu Hause lachten sie alle. Die Mutter nahm Sabine in die Arme. Der Vater meinte: „Du hast recht, es ist wirklich kalt, aber wenn der Engel so sehr friert, wie du sagst, dann kann er wegfliegen!" Sabine rief: „Warum glaubt ihr mir nicht? Ich habe es doch gesehen! Der Engel hat mit den Füßen im Schnee gestampft!" Und sie wurde traurig, weil sie ihr nicht glaubten.

Zur gleichen Zeit lief Rollie durch den Stadtpark. Der war auch schon verschneit, und um diese Zeit war Rollie der Erste, der eine Spur in die bleiche Fläche setzte. Rollie dachte an das Schachspiel, das er gerade mit seinem Freund beendet hatte. Es hatte länger gedauert, und zu Hause warteten sie gewiss schon mit dem Essen. Eigentlich sollte er am Abend nicht mehr durch den Park laufen, aber es war eine Abkürzung. Plötzlich hörte Rollie ein merkwürdiges Geräusch. Er merkte, dass sich ihm die Haare sträubten, und er spürte mit einem Mal, wie Schweiß seinen Hals hinunterlief. Was war das? Hustete da jemand? Jemand nieste. Fast beruhigte es ihn, denn ein Räuber, der niesen musste, konnte so gefährlich nicht sein. Rollie stand vor einem dunklen Klotz, der in den grauen Nachthimmel ragte. Ein Sockel, eine Steinfigur. Das Denkmal im Park. Gewöhnlich schwang dort oben ein Krieger ein Schwert durch die Luft, ein Kämpfer mit einem kurzen Röckchen um die Hüften, mit stolzem, in die Wolken gerichtetem Blick, barfuß. Aber heute, Rollie versuchte, es deutlich zu sehen, saß der Krieger auf dem Sockel, die nackten Beine übergeschlagen, das Schwert achtlos neben sich, beide Hände hatte er vor dem Gesicht, und er nieste und hörte überhaupt nicht mehr auf. Rollies erster Gedanke war: Er braucht ein Taschentuch – aber er hatte keines dabei.

Der Krieger nieste jetzt bestimmt schon das neunte Mal, immer höher und prustender wurden die Töne. Das gibt's doch nicht, dachte Rollie, und er rief hinauf: „Kann ich Ihnen helfen?" Ein neues trompetendes Niesen war die Antwort. Rollie rannte los, er hörte das Knirschen des Schnees unter seinen Füßen nicht. In seinem Mantel fühlte er sich vor Aufregung wie in einem Schwitzbad.

„Der Junge macht prima Witze, das muss ich schon sagen!", lachte der Vater und vergaß, wegen des späten Kommens böse zu sein. Die Mutter meinte: „Mach dir deine Suppe selber warm, und erzähl nicht solche Geschichten!" – „Taschentücher für das Kriegerdenkmal", kicherte der Vater. Und im gleichen Augenblick wunderte sich der alte Kalle, der an der Dampferanlegestelle gerade seine Pfeife stopfen wollte, dass er einen Hirsch brüllen hörte. In der Nähe war nämlich ein Denkmal aufgestellt worden, das einen Hirsch zeigt, der brüllt – allerdings, ohne dass man es hört. Er brüllt oder, wie die Fachleute sagen, „röhrt" dort schon seit vielen Jahren – stumm natürlich, da es nur ein Denkmal ist. Heute Nacht aber hörte der alte Kalle es laut und deutlich. Und er kratzte sich am Kopf, brummte: „Jetzt werde ich wirklich alt!", und schlurfte davon. „Ein Denkmal, das brüllt, gibt es nicht", murmelte er, „ich muss wirklich mal zum Doktor gehen!"

Am nächsten Morgen bemerkte ein Angestellter der Stadtverwaltung, dass drei Denkmäler – der Engel auf dem Münsterplatz, der Krieger im Stadtpark und der Fliehende Hirsch an der Dampferanlegestelle – zerbrochen waren. „War es diese Nacht wirklich so kalt? Hat der Frost die Denkmäler zerstört? Oder was ist passiert?" Der Angestellte vermerkte den Schaden in einer Liste, die er dabeihatte.

Rollie sagte zu Sabine: „Ich glaub's dir, ich habe so etwas Ähnliches erlebt gestern Abend." Die Kinder erzählten dem alten Kalle von ihren Erlebnissen mit den frierenden Statuen. Kalle kratzte sich am Kopf: „Ich würde es nicht glauben, wenn ich es gestern nicht selbst gehört hätte. Der Hirsch hat geröhrt. Wirklich, die Welt ist voller Wunderlichkeiten!" Rollie meinte, bevor er wieder zum Schachspielen ging: „Da haben wir Glück gehabt, wir haben mehr gesehen und gehört als die anderen!"

Stefan Reisner

Barbara und die Bergleute

Der alte Antonius Faller hatte damals damit angefangen, den Schacht in die Erde zu treiben und die Kohlen zu fördern. Er nannte seine Grube „Fröhliche Morgensonne". Später sind seine Söhne August und Andreas und noch ein paar andere junge Männer aus der Faller-Familie mit ihm eingefahren. Sie haben gute Kohlenflöze gefunden und viel von dem schwarzen Gold ans Tageslicht gebracht. Der Antonius Faller kannte sich gut aus da unten im Schacht und brachte seinen Söhnen und den anderen Männern alles bei, was ein Bergmann können muss. Er war ein starker Mann und konnte einen eisernen Nagel mit der bloßen Hand krumm biegen.

Aber schließlich ist er alt geworden. Die schwere Arbeit und die ständige Feuchtigkeit da unten vor der Kohle, die haben ihm den Rücken krumm gezogen und das Atmen schwer gemacht. Seine

Söhne haben ihm eines Tages die Hacke aus der Hand genommen und gesagt: „Vater, du hast genug gearbeitet. Bleib zu Hause und mache dich nicht kaputt."

Antonius hat dann im Sommer oft auf der Bank vor dem Haus gesessen und sich die Sonne auf den krummen Rücken scheinen lassen. Im Winter war sein Platz nahe am Ofen. „Die Wärme tut den alten Knochen gut", hat er gesagt. Sooft es ging, hat sich seine Enkelin Anna neben ihn gesetzt.

Einmal, es war am Morgen des 4. Dezember, nahm er ein Messer und schnitt einen Kirschzweig vom Baum. Da fragte die Anna ihn: „Warum machst du das? Die Zweige sind doch dürr."

„Heute ist Barbaratag", antwortete Antonius.

„Und?", fragte Anna. „Was hat das mit dem Zweig zu tun?"

„Na", sagte Antonius, „den stell ich ins Wasser und dann wird er Weihnachten blühen."

„Ach, Opa, hör auf mit deinen Lügengeschichten. Immer erzählst du mir solche Sachen. Erzähl lieber wahre Geschichten."

Antonius war beleidigt und schwieg. Aber Anna ließ nicht nach, ihn zu bitten.

Da sagte Antonius schließlich: „Soll ich dir von dem Grubenpferd Hektor erzählen? Das ist drüben im Nachbardorf von einem Bergmann im Zorn erschlagen worden. Jahre später hat man Hektor als Pferdegeist durch die Stollen galoppieren hören."

„Opa, bitte, bitte. Wahre Geschichten."

Antonius schmunzelte: „Na ja", gab er zu, „ob das stimmt mit dem alten Gaul Hektor, das weiß ich auch nicht so genau. Aber ich werde dir von der heiligen Barbara erzählen, die vor vielen Hundert Jahren gelebt hat."

„Hör auf, Opa." Anna wurde wütend. „Unser Lehrer hat gesagt, niemand weiß etwas Genaueres über Barbara. Vielleicht, hat er gesagt, vielleicht hat sie gar nicht gelebt."

Antonius schimpfte: „Der Quatschkopf. Der will Lehrer sein und erzählt den Kindern so etwas. Wir Bergleute wissen besser über Barbara Bescheid als die meisten Lehrer." Er stand auf, nahm ein Glas und stellte den Kirschzweig ins Wasser.

„Deine Geschichten von Barbara will ich erst glauben, wenn der tote Zweig an Weihnachten wirklich blüht", bockte Anna und lief hinaus.

„Sie ist richtig störrisch", brummte Antonius.

Vierzehn Tage später kamen die Bergleute ziemlich besorgt aus dem Schacht.

August und Andreas gingen zu ihrem Vater in die Stube und sagten: „Vater, irgendetwas stimmt nicht in unserer Grube. Wir arbeiten an einem dicken Kohlenflöz und schaffen viele Kohlen ans Licht. Aber irgendetwas stimmt nicht."

„Habt ihr alles gut verbaut und abgestützt?", fragte Antonius.

„Sicher, Vater, wie immer."

„Ich fahre morgen selber mal ein", sagte Antonius. „Ich schau's mir mal an."

„Morgen ist Sonntag, Vater", sagte Andreas.

„Macht nichts, Junge. Ich will ja nicht arbeiten. Ich will nur horchen und schauen."

„Nun, wenn du meinst", sagte Andreas.

Am nächsten Tag, gleich nach dem Mittagessen, zog Antonius seinen alten Arbeitsanzug an. Dann nahm er den Kirschzweig aus dem Wasser und schaute ihn an. Der Zweig hatte kleine grüne Knospen getrieben. „Ich nehme dich mit, weil heute Sonntag ist", lachte Antonius und steckte sich den Zweig ins Knopfloch.

Am Schacht zündete er seine Öllampe an. Dann stieg er in den Korb und die Söhne ließen ihn in die Tiefe. Unten angekommen, kletterte er aus dem Korb. Das Grubenpferd Max begrüßte ihn fröhlich und wieherte.

Antonius tätschelte ihm den Hals und sagte: „Du kennst mich noch, Max, nicht wahr?"

Antonius musste lange gehen. Die Söhne hatten den Stollen weit in den Berg getrieben. Immer wieder hob Antonius die Öllampe und prüfte, wie der Stollen abgestützt und verbaut war. „Gut, gut", murmelte er, „sie haben doch was gelernt vom alten Antonius."

Endlich war er an dem Ort, wo die Kohle herausgebrochen wurde. Hier war Antonius weniger zufrieden. Er stieß mit dem Fuß an eine Blechtasse.

„Keine Ordnung", schimpfte er vor sich hin. Dann sah er, dass die Tasse wohl absichtlich an die Stelle gestellt worden war, denn es tröpfelte Wasser von oben. Blubb, blubb, blubb. Immer genau in die Tasse hinein.

Aber noch einmal maulte Antonius: „Keine Ordnung", und hob einen Meißel vom Boden auf. „Alles lassen sie herumliegen. Sogar die Ölkanne haben sie einfach mitten im Stollen stehen lassen." Er nahm die Kanne und stellte sie an die Seite. Dann prüfte er noch einmal die Stempel und Stützen und klopfte mit dem Meißel gegen das Holz.

„Singt doch gut", sagte er. „Was mögen die gestern wohl im Berg gehört haben?"

Er lachte auf: „Ist sicher das Geisterpferd Hektor hier herumgestapft."

Kaum hatte er das ausgesprochen, da lief ein scharfes Knistern durch das Gestein. Und dann brach es los, Bersten, Kreischen, Donnergrollen. Ein Windstoß wirbelte eine dicke Staubwolke heran und blies seine Lampe aus. Antonius hatte sich niedergeduckt und ganz klein gemacht. Er wusste es gleich, hinter ihm war der Berg gebrochen. Der Stollen war verschüttet. Mit zittrigen Fingern zündete er das Öllicht wieder an. Keine zehn Meter weiter waren die dicken Stempel zersplittert und herabgestürztes Gestein versperrte den Rückweg. Antonius begann wie irr die Brocken wegzuzerren, aber die Steine rutschten immer wieder nach. Bald hatte er sich die Hände an den scharfen Felsbrocken aufgerissen. Antonius hockte sich nieder. Als er wieder klare Gedanken fassen konnte, wusste er, dass es sinnlos war, auf diese Weise weiterzumachen. „Mit bloßen Händen schaffst du das nie", murmelte er.

Er nahm den Meißel und klopfte gegen den Stein. Seine Söhne sollten ihn hören und ihn herausholen. Sie hatten ein Klopfzeichen vereinbart: lang, kurz, kurz, kurz, kurz, kurz, lang, lang, lang. Antonius hatte es selber vor Jahren ausgedacht. Man konnte es gut auf den Rhythmus vor sich hinsprechen: „Hei-li-ge Bar-ba-ra, steh uns bei!" Und so klopfte er in immer gleichen Abständen:

Poch-pochpochpochpochpoch-poch-poch-poch.
Außer diesem Signal und dem unablässigen
Tropfen des Wassers war nichts zu hören. Antonius trank einen Schluck. Das Wasser schmeck-
te bitter. Sein Blick fiel auf den Kirschzweig an
seiner Jacke.

„Du sollst nicht verdursten", sagte Antonius und
steckte den Zweig in die Tasse.

Die Stunden vergingen. Unablässig klopfte er.
Zweimal hatte er schon Öl aus der Kanne in die
Lampe gefüllt. Daran erkannte er, dass er schon
über 20 Stunden in dem steinernen Gefängnis
saß. Er wurde müde.

„Ich darf nicht einschlafen", sagte er sich. „Sie
müssen mein Zeichen hören. Sonst ist es aus mit
mir."

Er begann leise vor sich hin zu singen. Alle Lieder, die er kannte, sang er von der ersten bis zur
letzten Strophe. Seine Stimme wurde rau.

„Wie gut, dass der Berg tropft", sagte er und
trank ab und zu ein Schlückchen von dem Bitter-
wasser. Gelegentlich nickte er ein, schrak aber
nach einer Weile immer wieder auf und begann
erneut das Signal zu klopfen.

Hei-li-ge Bar-ba-ra, steh uns bei! Poch-pochpochpochpochpoch-poch-poch-poch. Seine Hand-
flächen brannten. In seinem Rücken zerrte das

Rheuma. Antonius nahm die Tasse vom Boden auf, benetzte seine Lippen und schaute den Zweig an. Die Knospen waren dicker geworden.

„Ob ich je deine Blüten sehen werde?", fragte Antonius und stellte die Tasse wieder an die Tropfstelle.

Von Stunde zu Stunde klang sein Klopfen leiser. Die Pausen wurden länger und länger.

„Gut, dass sie das Öl hiergelassen haben." Er musste lachen. Das klang rau und heiser. „Manchmal ist die Unordnung doch ganz nützlich", sagte er.

Wieder schlief er ein. Als er aufwachte, wusste er, dass er längere Zeit geschlafen hatte. Er begann erneut zu klopfen.

„Sie schaffen es nicht", sagte er. „Sie kriegen mich hier nicht heraus. Vielleicht ist der Stollen auf der ganzen Länge eingebrochen."

Das Hungergefühl, das ihn in der ersten Zeit gequält hatte, war verschwunden. Er kam sich ganz leicht vor und manchmal war es ihm, als ob er wie eine Feder im Wind schwebte. Dann wieder sah er auch Wahngebilde. Ihm fiel ein, wie er damit begonnen hatte, den Schacht in die Erde zu treiben, und wie sie ihn alle für verrückt gehalten hatten. Aber dann kam die Kohle und viele hatten es ihm nachgemacht und nach den Schätzen im Berg gegraben. Immer wieder tanzten Lichter und Sterne vor seinen Augen und einmal glaubte er, die heilige Barbara zu sehen. Von einem Lichtschein umgeben, stand sie da und stützte sich mit ihrem Arm auf einen Turm. Wieder pochte Antonius, kraftlos, langsam. Er wusste nicht mehr, wie lange er schon in dem Loch eingesperrt war. Das Öl in der Kanne ging zur Neige. Aber mit einem Mal zuckte er zusammen. Die Wahnbilder verflogen. Er hörte es deutlich: Poch-pochpochpochpochpoch-poch-poch. Er antwortete und lauschte. Hatte er Gespenster gehört? Aber nein, wieder hörte er es. Nun ganz deutlich. Er flüsterte und pochte: „Hei-li-ge Bar-ba-ra, steh uns bei!"

Es dauerte noch Stunden. Aber jetzt schlief Antonius nicht mehr ein. Dann endlich, die blanke Spitze einer Brechstange glänzte im Schein der Öllampe.

„Vater, bist du da?", schrie August.

„Ja, Junge, hier bin ich!"

Er griff nach dem Kirschzweig. „Danke, Barbara, danke", flüsterte er.

„Wir holen dich gleich raus", rief Andreas.

„Es wird auch Zeit", murmelte Antonius.

Er versuchte aufzustehen, aber die Beine knickten ihm weg. Sie trugen ihn hinaus. In seiner

Hand hielt er den Kirschzweig fest umklammert. Das Tageslicht blendete ihn. Er kniff die Augen zusammen. Da spürte er, wie seine Enkelin Anna ihn umarmte.

„Er blüht", sagte sie leise, „wahrhaftig, der Barbarazweig blüht."

Sie brachten Antonius in die Stube und betteten ihn auf die Bank am Ofen.

„Wie lange war ich da unten?", fragte er.

„Sechs Tage und sechs Nächte, Antonius", sagte seine Frau und träufelte mit einem kleinen Löffel Fleischbrühe auf seine Zunge.

„Morgen ist Weihnachten", flüsterte Anna ihm ins Ohr, „und er blüht wirklich."

Sie nahm dem Großvater den Zweig aus der Hand und stellte ihn in eine Vase.

„Wenn du ganz gesund bist, Opa, erzählst du mir dann wahre Geschichten von Barbara?"

„Ja, Anna, lauter wahre Geschichten", murmelte er und schlief ein.

Willi Fährmann

Der Engel im Briefkasten

Dass ich es euch gleich am Anfang verrate: Es ist eine Adventsgeschichte, die ich euch erzählen will, auch wenn sie am Anfang gar nicht so aussieht. Aber sie endet zu Weihnachten! Und wenn sie nicht zu Weihnachten endete, wäre es immer noch eine Adventsgeschichte. Hoffentlich merkt ihr das beim Lesen!

Zuerst will ich euch die Leute vorstellen, die in meiner Geschichte eine Rolle spielen. Sie wohnen alle in einem Mietshaus in Berlin mit zwei Etagen und einer kleinen Wohnung im Dachgeschoss mit schrägen Wänden. Da lebt die Oma Kalditz, die eigentlich gar keine Oma ist, denn sie ist nicht verheiratet, und Kinder hat sie auch keine, obwohl das heutzutage durchaus der Fall sein könnte.

Trotzdem sagen alle Kinder im Hause zu ihr „Oma Kalditz", denn im Grunde genommen ist sie eine viel bessere und gütigere Oma als viele wirkliche Omas, weil sie nämlich ein ganz gro-ßes Herz für Kinder hat – und deswegen auch für deren Eltern, wie ihr bald bemerken werdet. Der alte Herr Wohlgemuth aus dem Erdgeschoss, der sonst in unserer Geschichte keine Rolle spielt, hat einmal von ihr gesagt: „Das ist unsere Seel-sorgerin. Wenn man die im Hause hat, braucht man gar keinen Pastor!" Recht hat er! Und obwohl Oma Kalditz in meiner Geschichte gar nicht oft vorkommt, spielt sie sozusagen die Hauptrolle.

Unter ihr, im zweiten Stock, wohnt die Familie Preis, richtig wie „Preis", und ich glaube, in die-sem Fall passt der Name mindestens auf Herrn Preis, der auf den schönen Vornamen Balthasar hört. Herr Preis hat nämlich eine Dauerantwort parat, wenn ihn jemand etwas fragt. „Wie geht's denn, Herr Preis?" Antwort: „Wir brauchten Geld." „Wie geht's Ihrer Frau?" „Ja, wir brauch-ten eben mehr Geld." „Was machen Ihre beiden reizenden Töchter?" „Die kosten eine Menge. Wir brauchten eben mehr Geld." Seine Frau heißt Marie, und wenn er die nicht hätte, dann hätte er schon lange buchstäblich Bankrott gemacht, aber ich will meine Geschichte nicht schon jetzt verraten. Preisens haben zwei Töchter, Renate ist dreizehn und schon eine kleine hübsche Dame,

Beate ist elf und auf dem besten Wege, eine kleine hübsche Dame zu werden. Aus diesem Grunde steht sie oft vor dem Spiegel und kontrolliert sich, ausgezogen und angezogen. Die anderen Mieter brauche ich euch nicht vorzustellen, denn sie kommen in unserer Geschichte nicht vor und haben sie Gott sei Dank auch gar nicht mitbekommen, denn das hätte dem Ruf von Herrn Preis mit Sicherheit geschadet.

Jetzt fängt meine Geschichte richtig an. Herr Preis hat nämlich seine eigene Art und Weise, um zu Geld zu kommen. Seit ihm einmal eine Werbung des berühmten Versandhauses – nein, den Namen will ich lieber nicht verraten – auf den Tisch flatterte mit der überraschenden Mitteilung: „Lieber Herr Preis! Sie haben gewonnen!", und ihm eine Krawattennadel für 17,50 DM oder einen BMW mit vier Türen und ABS und doppeltem Airbag und Automatik ankündigte, glaubte er das sofort. Seitdem ist er von allen guten Geistern verlassen. Übrigens sind alle Menschen von allen guten Geistern verlassen, die auf so etwas hereinfallen. Und wenn ihr Kinder in eurem Briefkasten eine solche Werbung erwischt, schmeißt sie ungelesen in den Papierkorb! Kinder sind in solchen Sachen oft vernünftiger als Erwachsene. Aber das nur nebenbei.

Herr Preis bekam natürlich weder eine Krawattennadel noch einen BMW. Aber nun beteiligt er sich an allen Wettbewerben und Preisausschreiben und kauft deshalb jede Woche acht illustrierte Zeitungen, um nicht nur auf die Werbung angewiesen zu sein, die ihm jeden Tag unverlangt in den Briefkasten fällt. „Wenn Sie den Namen des Waschmittels herausfinden, das ihre Gardinen weißer als weiß wäscht, sind Sie Anwärter auf zehntausend Mark!" Natürlich findet Herr Preis sofort heraus, welches Waschmittel weißer als weiß wäscht, denn es steht ja in der Werbung mit drin. Er schreibt es auf eine Postkarte, steckt sie in den Kasten, was ihn achtzig Pfennig kostet, und wartet. Jedes Mal mit dem gleichen Ergebnis: wieder nichts. Herr Preis, der bekanntlich mehr Geld braucht, weitet seine Versuche aus und bezieht das Lotto mit ein.

Er erwirbt jede Woche vier Scheine, füttert den einen mit seinem Geburtsdatum, den anderen mit dem Geburtsdatum seiner Frau, den dritten und vierten mit den Geburtsdaten von Renate und Beate. Und glücklicherweise oder vielmehr unglücklicherweise gewinnt er einmal mit drei Richtigen 22 Mark, was ihm zeigt, dass er nur genügend Geduld haben muss, bis er den Jackpot knacken wird. Da aber der Jackpot Woche für

Woche auf sich warten lässt, nimmt er noch zwei ganze und ein halbes Lotterielos dazu, was ihn weitere 35 Mark kostet – und schließlich kann er nicht mehr alle Lose und Lottoscheine und das Briefporto für die Preisausschreiben und Wettbewerbe bezahlen und pumpt sich von einem Kollegen im Betrieb, in dem er als Baumaschinenmonteur beschäftigt ist, immer wieder das nötige Kleingeld. Und weil Balthasar Preis bis auf seine verrückte Geldsucht ein umgänglicher und freundlicher Mensch ist, sammeln sich allmählich Schulden an, die am zweiten Advent genau 2.700 Mark betragen. Weil Weihnachten kommt, will der Kollege sein Geld zurück wegen seiner Weihnachtseinkäufe. Das hatte ihm Balthasar auch versprochen – nur woher soll er es nehmen, das Geld! Marie Preis weiß um alles. Denn für sich behalten kann Balthasar Preis weder seine Sorgen noch seine verrückten Ansichten. Immer wieder sagt Marie zu ihm: „Was willst du denn? Wir haben genug Geld zum Leben!" Und wenn er ihr dann aufzählt, was ihnen noch alles fehlt und was die Leute im ersten Stock haben und die Leute im Erdgeschoss und die im Nachbarhaus und die Kollegen mit ihren CD-Playern und Anrufbeantwortern und Fax-Geräten und größeren und schnelleren und sichereren Autos und automatischen Garagentoren und so weiter und so weiter, dann antwortet Marie: „Und wir haben uns! Du hast mich und ich habe dich, und zwei wunderschöne Mädchen haben wir beide noch dazu! Und gesund sind wir auch! Und du bist mir treu und ich dir auch! Und wir passen immer noch bequem in unser kleines Auto, auch wenn es nur zwei Türen hat und keine Automatik. Und wenn wir sonntags ins Grüne fahren, dann nehmen wir Kuchen mit und Kaffee und Limonade und haben noch nie hungern müssen. Und wenn ich an die vielen Arbeitslosen denke, dann geht es uns sogar sehr gut. Und wenn ich an die Millionen von Kindern denke, von denen der Pastor neulich erzählt hat, die jedes Jahr verhungern müssen, dann geht es uns so glänzend, dass ich geradezu ein schlechtes Gewissen habe!" Balthasar Preis hat offenbar kein schlechtes Gewissen. Oder doch, jetzt hat er eins, aber nicht wegen der Arbeitslosen und Hungernden, sondern weil er Schulden hat und sie nicht bezahlen kann und überdies nicht weiß, wie er seiner Frau und seinen Kindern etwas zu Weihnachten schenken soll. Ich denke, dieses schlechte Gewissen ehrt ihn und macht Hoffnung. Ja, das Gewissen ist so schlecht, dass er die ganze Geschichte eines Abends, als er von der Arbeit kommt, auf der Treppe dem Hausseelsorger erzählt, der Oma Kalditz. „Wissen Sie, Oma Kalditz, das tut gut, wenn man Ihnen mal sein Herz ausschütten kann. Richtig gut tut das!" „Da haben Sie Glück, Herr Preis, denn am dritten Advent ziehe ich ins Altersheim nach Fürstenwalde. Und nächste Woche löse ich meinen ganzen Haushalt auf und hoffe ein bisschen auf Ihre Hilfe." Natürlich hilft Herr Preis immer gern und Oma Kalditz erst recht. „Aber schade ist es, dass Sie uns verlassen. Sie waren immer die gute Seele im Haus." „Ja, wissen Sie, meine gute Freundin, die im selben Heim lebt, hat mir einen Platz versorgt, und da können wir unsere letzten Jahre gemeinsam verbringen und sind beide nicht so einsam."

Zwar hatte Balthasar seine Sorgen ausgesprochen, aber losgeworden war er sie nicht, wenigstens vorläufig. Er hatte allerdings genug zu tun mit dem Umzug von Oma Kalditz und kam nicht weiter zum Nachdenken. Er wäre deshalb wohl auch nicht zum Einkaufen gekommen, selbst wenn er das Geld dazu gehabt hätte.

Am Montag nach dem dritten Advent staunt er nicht schlecht, als er von der Arbeit kommt und die Post aus dem Briefkasten holt. Ein dicker Brief ohne Absender mit der Anschrift, in Blockbuchstaben: „Herrn Balthasar Preis"! Keine Briefmarke, kein Stempel. Den Umschlag musste jemand persönlich in den Kasten gesteckt haben. Und was ist drin? Marie, Renate und Beate werden Zeuge, wie er ein Bündel Geldscheine aus dem Umschlag zieht und sogleich zählt: Dreitausend Mark! Dabei eine Briefkarte, auf der, wieder in Blockbuchstaben, nichts weiter steht als: „2.700 Mark für die Schulden, 300 Mark für Weihnachten!" Herr Preis muss sich setzen. Er wischt sich über die Stirn, weil er das Gefühl hat, ihm breche der Schweiß aus. Renate fasst sich als Erste. „Hast du Schulden, Vater?", fragt sie, denn Marie weiß zwar Bescheid, die Kinder aber nicht, wenigstens bis zu diesem Augenblick. „Setzt euch mal", sagt Balthasar. Und dann erzählt er den Kindern seine Geschichte, warum er Schulden gemacht hat und dass er nie wieder Lotto spielen und sich an Preisausschreiben beteiligen wird und so weiter. Er hat ein wenig feuchte Augen dabei, vor allem, als er die Schublade der Kommode aufzieht, ein Bündel Prospekte hervorholt, von denen er sich den großen Gewinn erhoffte, und sie vor den Augen der Familie in einem großen Aschbecher verbrennt. Dann setzt er sich wieder. „Wer mag das denn gewesen sein?"

Renate hat die Antwort am schnellsten: „Ein Engel!" Beate lacht. „Ein Engel im Briefkasten!", sagt sie. Aber Vater grübelt. „Das kann eigentlich nur die Oma Kalditz gewesen sein!" Beate lacht wieder. „Oma Kalditz als Engel? Ein lustiger Engel." „Na ja", meint Renate, „kannst auch statt Engel sagen: Gott selber! Das haben wir in der Konfirmandenstunde gelernt." Marie legt ihre Hände auf die Hände ihres Mannes „Ach, Balthasar, das wird ein schöner Heiliger Abend!" „Balthasar?", fragt Renate. „Das war doch einer von den drei Weisen aus dem Morgenland! Stimmt's?"

„Ja, das stimmt", sagt die Mutter. Die drei Weisen, das waren die, die ihr Gold in die Krippe gelegt haben."

Dietrich Mendt

St. Nikolaus
und sein Esel

Zu der Zeit, als der gute St. Nikolaus noch alljährlich in den Tagen vor Weihnachten mit seinem Eselchen durch die Dörfer und Städte zog, war er einmal in einer dunklen Dezembernacht zu einem der verlassensten Dörfer im Teufelsmoor unterwegs. Wie er dabei über den Berg nach Worpswede und auf die gepflasterte Dorfstraße kommt, merkt er, wie das Tier, das ihn schon auf so mancher Fahrt begleitete, auf einem Fuß lahmt, und wie er nachschaut, was es damit für eine Bewandtnis hat, sieht er, dass sich eins der silbernen Hufeisen gelockert hat, die es trägt.

Wie er nun vor die Schmiede zieht, um den Schaden wiedergutmachen zu lassen, liegt der Schmied zu der späten Stunde schon längst im Schlaf, will auch wegen einer solchen Kleinigkeit und einem unbekannten Kunden zuliebe

nicht wieder aus dem Bett, sodass der Alte un-
verrichteter Dinge weitermuss.

Besorgt um das Tier, das unter seinen Säcken
lahm und müde hinter ihm hertrottet, achtet der
Alte wenig auf den Weg, und kaum dass er eine
Viertelstunde weit ins Moor hinausgewandert
ist, verirrt er sich dort in der rabenschwarzen
Nacht so sehr, dass er zuletzt weder vorwärts
noch rückwärts weiß.

Nun hat er wohl ein Laternchen bei sich gehabt,
aber so hoch er es auch hebt, findet er sich doch
in dem engen Lichtkreis nicht zurecht und kann
hinterher noch von Glück sagen, dass er nicht
unversehens in einen Moorgraben geraten ist,
der so breit und finster vor ihm liegt, dass ihm
nichts anderes übrig bleibt, als daran entlang-
zuwandern und zu sehen, wohin er kommt. Das
wäre nun alles weiter nicht so schlimm gewesen,
wenn nicht der Esel bei jedem Schritt in den wei-
chen Moorgrund gesunken wäre und zuletzt fast
nicht mehr weiterkam. Aber so einem Freuden-
bringer wie dem Alten muss auch das Abwegigs-
te noch irgendwie zum Guten geraten, und er
wundert sich darum gar nicht, als er bald darauf
ein leeres Torfschiff auf dem Wasser liegen sieht.
Zufrieden steigt er darin ein, zieht das erschöpf-
te Tier nach sich und beginnt in der Freude, sei-

nem Weggenossen eine Ruhepause gewähren zu können, den Graben hinunterzufahren.

Nach einer traumstillen Fahrt, zuletzt über überschwemmtes Land hinweg, kommt er so an einen Moordamm und in ein Dorf, das so weltvergessen unter dem Schein der Sterne liegt, dass er meint, er habe es noch nie gesehen. In den Häusern ist freilich nirgends mehr Licht, und als er doch versucht, an den Türen Hilfe für sein Tier zu erbitten, meint man in den dumpfen Schlafbutzen, dass sich jemand einen Scherz machen will, dreht sich auf die Seite und schläft weiter. Ist jemand vielleicht schon mit einem Esel durchs Moor gezogen, und dazu bei dunkler Nacht?

Beim zweiten und dritten Haus geht es dem Alten um nichts besser; aber im letzten, der kleinsten Häuslerwohnung, ist noch Licht, und als er dort an die Tür klopft, steckt eine junge Frau den Kopf heraus. Die hat am Abend eine frischmilchende Kuh bekommen und muss nun während der Nacht noch wieder melken, wenn alles seine Richtigkeit kriegen soll.

Als ihr der Alte nun seine Not mit dem Esel klagt, meint sie, dass es ein reisender Händler ist, der da draußen steht, lässt ihn darum nach dem ersten Erschrecken über den späten Besuch auf die Diele, sucht auch einen Hammer und ein paar Hufnägel herbei, damit der Alte am Herd den Schaden notdürftig bessern kann, und hält ihm bei der ungewohnten Arbeit die Laterne.

Froh über die Hilfe, klopft der Alte denn auch den Beschlag wieder fest, kühlt dem Esel das geschwollene Gelenk, will aber nicht wieder gehen, ohne sich in seiner Weise dankbar gezeigt zu haben, und fragt sie, womit er ihr eine Freude machen könne, er habe so vielerlei in seinen Säcken, dass sie nur zu wünschen brauche.

Die junge Frau meint, dass es nur ein Scherz ist, was der Alte da redet, bietet ihm eine Tasse warme Milch an und fragt, er komme wohl weit her, ganz von Bremen vielleicht?

Nein, ein Stück weiter noch, antwortet er und lächelt in seinen Bart. Dann vielleicht gar von Hamburg?

Nun, er kann ihr das nicht so genau sagen. Es ist ja auch nicht weiter wichtig, sie soll nur anfangen, sich etwas zu wünschen.

Ach, meint sie, nun will er mir etwas verkaufen, aber ich habe kein Geld und mag es ihm nicht einmal sagen. Dabei denkt sie an die Tasse auf dem Wandbord und die paar Groschen, die sie darin verwahrt. Der Alte aber, der ihre Gedanken errät, sagt ihr, dass sie sich keine Sorge machen soll, denn alles, was er bei sich führe, habe er nur mitgenommen, um es zu verschenken.

Aber das glaubt sie nun erst recht nicht, nein, will ihn aber auch nicht kränken und steht nur und lächelt.

Da bleibt ihm denn nichts anderes, als einen seiner Säcke vor ihr aufzutun und sie hineinschauen zu lassen.

Aber so weihnachtlich ihr über dem Anblick auch wird und so viel Glanz sich vor ihr auftut, dass ihr fast der Atem darüber vergeht – es ist alles doch nicht das, was sie sich im Stillen wünscht. Denn wenn sie es verlauten lassen darf, wären ihr ein Kleidchen für ihr Kind und ein Paar Schuhe, wenn es im kommenden Jahr nun laufen lernen wird, noch lieber als die schimmernde Herrlichkeit da vor ihren Augen.

Aber so große Dinge kann sie nicht erwarten, nein, und sie hat es nur so hingesagt, und er solle nur um Gottes willen nicht denken, dass sie so unbescheiden sei.

Aber der Alte lächelt nur und knüpft dafür nun den anderen Sack auf – ein richtiger Segeltuchsack ist es gewesen, der jedes Wetter hat vertragen können – und nimmt heraus, was sie sich wünscht: ein Kleidchen, rot gewürfelt und mit einer silbernen Litze am Halsausschnitt, und ein Paar Erstlingsschuhe aus blankem Leder und mit goldenen Knöpfen, und legt ihr die Sachen hin, als müsste das so sein.

Ach, das träume ich ja bloß, sagt sie, und weiß nicht, ob sie lachen oder weinen soll. Gibt es auch jemand, der bei dunkler Nacht stundenlang durchs Moor läuft, nur um den Leuten unter ihren Strohdächern etwas zu Weihnachten zu schenken? Und nun gar so schöne Dinge? Aber ansehen muss sie die Sachen immer wieder und wieder und kann sich von dem Anblick so wenig trennen, dass sie sich erst abwendet, als der Kleine in der Wiege neben dem Herd zu weinen beginnt und sie ihn herausnehmen muss. Dann setzt sie sich auf den Binsenstuhl am Herd, und der Alte, der ihr zusieht, weiß nicht, ist es ein Glanz von innen her oder ist es nur der Widerschein des Herdfeuers, der aus ihrem Gesicht erstrahlt? Aber wie er so steht, kommt es wie ein Erinnern über ihn, ein Erinnern an eine der Kammern seiner ewigen Heimat, in denen die Ereignisse der Welt aufbewahrt werden, so wie die Himmlischen sie sehen – und er kann nicht anders, er muss seinen Mantel, blau wie der nächtige Himmel über der Hütte, der jungen Frau über die Schultern legen und vor ihr das Knie beugen, die hier in Armut und Einsamkeit ihr Kind nährt.

Dann tappt er leise, den Esel hinter sich, ins Freie hinaus, und die junge Mutter, eingesponnen in lauter Traum, hört kaum, dass die Tür geht.

Draußen aber ist nun der Mond aufgegangen und legt einen breiten Streifen von Licht über das überschwemmte Moor, als ginge eine Straße geradewegs von der nachtdunklen Erde zu den Sternenwiesen des Himmels hinauf, auf der der Alte nun wieder auf gewohntem Weg zu steigen beginnt, seinen Esel, der immer noch ein wenig hinkt, am Zaum hinter sich führend.

Wilhelm Scharrelmann

Der Schächtelchen-Kalender

Am Nachmittag hatte Frau Postel den Schächtelchen-Kalender im Kinderzimmer an die Wand gehängt. Er bestand aus 24 bunten Streichholzschachteln, die untereinander auf ein Band geklebt waren.

„Oh, der Schächtelchen-Kalender!", jubelten Anja, Peter und Paul, als sie am Abend vom Spielen heraufkamen. Sie drängten sich ganz nahe heran. „Nicht anfassen!", rief Frau Postel. „Anfassen ist verboten!" „Hoffentlich hast du nicht wieder so viele Marzipansachen reingetan, Mama", sagte Paul." „Letztes Jahr habe ausgerechnet ich immer das Marzipan erwischt, wo ich es doch gar nicht mag."

„Doch Marzipan, viel Marzipan!", riefen Anja und Peter. „Lieber keine Gummibärchen, die sind so klebrig", sagte Anja.

„Aber ich mag Gummibärchen!", schrie Paul.

„Ich auch!", sagte Peter.

„Sind auch wieder Brausebonbons drin, Mama?" „Und Kaugummis?" „Au ja, aber die runden!" „Ihr wisst doch, dass die runden gar nicht reingehen", sagte Frau Postel. „Sie sind zu dick."

„Ooch! Schokoladentaler gehen auch nicht rein!" „Geleefrüchte auch nicht! Wo ich die doch soo mag!" „Eigentlich sind die Schächtelchen viel zu klein", stellte Peter fest. „Die besten Sachen gehen nicht rein!" „Die Tina hat einen Schächtelchen-Kalender aus Zigarettenschachteln", berichtete Anja. „Da ist viel mehr Platz drin. Und alles gehört ihr ganz allein."

„Ja, wirklich, Mama", sagte Paul ernsthaft, „es wäre viel besser, wenn jeder von uns einen Schächtelchen-Kalender für sich alleine hätte. Dann könntest du jedem das reintun, was er am liebsten mag."

„Aber gewiss doch!", polterte da Herr Postel los, der schon seit einer Weile unbemerkt in der Tür stand und zuhörte. „Und nächstes Jahr nehmen wir dann Zigarrenkistchen! Und übernächstes Jahr Schuhschachteln, damit auch ordentlich etwas reingeht!"

Die Kinder schauten sich verwundert an. „Warum sagst du das so böse, Papa?", fragte Anja.

„Ach, weil ihr unersättlich seid! Zu meiner Zeit hatten wir einen Adventskalender mit Fensterchen, einen für die ganze Familie. Und reihum öffnete jedes Kind ein Fensterchen und dahinter war ein Bild. Ein Bild! Wir kannten die Bilder schon auswendig, aber wir haben uns jedes Jahr wieder neu darüber gefreut."

Anja, Peter und Paul warfen sich vielsagende Blicke zu.

„Ja, ja, früher!", brummelten die Buben. Anja räusperte sich und fragte: „Also, was ist? Darf ich jetzt das erste Schächtelchen aufmachen?"

„Wieso du?", rief Peter. „Du hast letztes Jahr schon anfangen dürfen!"

„Ja!", schrie Paul. „Diesmal darf der Jüngste anfangen. Das hat Mama letztes Jahr versprochen. Nicht wahr, Mama?" „Aha!", regte sich Peter auf. „Einmal die Älteste und einmal der Jüngste. Da komme ich ja wohl nie dran." Herr und Frau Postel sahen sich an und schüttelten die Köpfe.

„Kann man denn hier niemals etwas tun, ohne dass es in Zank und Streit endet?", fragte Frau Postel. „Es ist doch völlig egal, wer beginnt. Außerdem ist dieses Jahr sowieso etwas ganz anderes in den Schächtelchen."

„Was? Wieso denn?", riefen die Kinder erstaunt. Aber Frau Postel wollte nichts verraten.

„Wascht euch die Hände", sagte sie. „Wir wollen erst zu Nacht essen." Nach dem Essen durfte Paul das erste Schächtelchen öffnen. Anja und Peter reckten die neugierigen Hälse.

Ein Zettel fiel heraus – sonst nichts, wie sehr Paul das Schächtelchen auch um und um drehte.

„Ist das alles?", fragte Paul enttäuscht.

„So lies doch erst einmal, was darauf steht!", sagte Frau Postel. Paul faltete den Zettel auseinander und las vor.

„In dieser Adventszeit wollen wir uns alle einmal besonders Mühe geben, nicht zu streiten, sondern einander Freude zu machen. Papa und ich haben darum beschlossen, dass ihr heute Abend eine halbe Stunde länger aufbleiben dürft. In dieser Zeit machen wir zusammen ein Spiel, das ihr euch aussuchen dürft!"

Ha, da gab es mit einem Mal keine missmutigen Gesichter mehr. Auch das Spiel war schnell gefunden: verstecken in allen Zimmern. Herr und Frau Postel hatten ja an etwas Ruhigeres gedacht, Mensch-ärgere-dich-nicht zum Beispiel oder Quartett. Aber sie machten doch mit.

„Ach, du, das war ein Spaß!", sagte Anja später, als sie und Peter und Paul im Bett lagen.

„Ist morgen wieder so ein Zettel drin?"

„Es ist jeden Tag ein Zettel drin", sagte Frau Postel. „Und da stehen lauter solche Sachen drauf – zum Freuen und so?" „Ja!"

„Oh, Mann!", stöhnten Peter und Paul. „Ist das spannend!"

Von Kaugummis und Brausebonbons redete keiner mehr.

Renate Schupp

Das Engelchen

Der kleine Sascha hatte ein widerspenstiges Seelchen, manchmal kam ihm der Wunsch, dasjenige nicht zu tun, was man schlechtweg „leben" nennt, er wollte nicht früh aufstehen, sich nicht mit kaltem Wasser waschen, nicht zur Schule gehen – da er aber erst acht Jahre alt war, wusste er nicht, wie man es einrichten könnte, nicht zu tun, was von ihm verlangt wurde, so tat er es weiter, doch tat er alles schlecht und brachte zu Weihnachten ein schlechtes Zeugnis aus der Schule. Heimkehrend ging er zum Vater – diesen hatte er sehr lieb und hoffte, von ihm weniger Tadel zu hören. „Sascha!", sagte der Vater. „Warum nur bist du so widerspenstig? Und Sweschnikows haben für dich eine Einladung zum Weihnachtsbaum geschickt."

Sweschnikows waren reiche Leute, sie bezahlten das Schulgeld für Sascha, dessen Vater ihr früherer, wegen Krankheit früh pensionierter Beamter war. Sascha war es nicht angenehm, der Einladung Folge zu leisten, man würde dort sicher fragen, wie es ihm in der Schule ergehe. Doch bestand die Mutter darauf, dass er hingehe und – um Sascha zum Gehorchen zu bewegen, sagte der Vater: „Geh hin, Söhnchen, vielleicht gibt man dir für mich ein kleines Geschenk, ich sitze schon eine Woche ohne Tabak." Das genügte, um Sascha gefügig zu machen ...

Die Kinder wurden nicht gleich in den Saal gelassen, sie waren aufgeregt und lärmten in Erwartung der Weihnachtsbescherung. Da öffnete sich die Tür und – den Atem anhaltend, die Äuglein weit aufgerissen, liefen alle in den Saal, wo eine große, herrlich geschmückte Tanne stand. Sascha ging, gleich den anderen Kindern, rund um den Baum; auf einmal blieb er stehen, seine Augen blitzten vor Verwunderung auf: Auf einem der oberen Äste sah er einen aus Wachs gefertigten Engel hängen, seine Flügelchen waren durchsichtig und zitterten, bewegt durch die Wärme der rundum brennenden Kerzen. Er sah wie lebend aus, als wäre er bereit, gleich davonzufliegen. Sascha starrte ihn an, und in ihm erstand ein so starker Wunsch, den Engel sein Eigen zu nennen, dass er – trotz seiner großen Schüchternheit – zur Hausfrau lief und sie bat: „Tantchen! Bitte, schenk mir den Engel!"

– „Das geht nicht, mein Kind; alle Sachen müssen bis Neujahr am Baum hängen bleiben, dann erst werden sie an die Kinder verteilt." Sascha schien, als falle er in einen tiefen Abgrund ... Er griff zu einem neuen Mittel: „Tantchen", sagte er, „ich bereue es, unartig gewesen zu sein, und verspreche fest, von nun an gut zu lernen ..." Doch auch diese Worte erweichten das Herz der Hausfrau nicht. Da rief Sascha mit entsetzter Stimme: „Gib ihn mir! Ich muss ihn haben!", und fiel vor Frau Sweschnikowa auf die Knie. „Du bist ja verrückt! Auf die Knie fallen tut man nur im Gebet vor Gott." Doch als sie in die Augen des Buben schaute, unterbrach sie ihre Belehrung und fügte hinzu: „Was du für ein dummes Menschlein bist! Meinetwegen – sollst das Engelchen haben." Als Sascha den Engel in Händen hielt, blitzten ihm Tränen in den Augen, er sah die Hausfrau mit seligem Lächeln an, seufzte tief und verließ eilig den Saal. Er suchte nach seinem Mantel und lief heim. Die Mutter hatte sich schon niedergelegt, ermüdet von der Vorfeiertagsputzerei, in der Küche brannte aber noch eine kleine Petroleumlampe, der Vater wartete auf die Heimkehr von Sascha ... „Ist der Engel nicht wunderschön?", fragte der Knabe. „Ja", entgegnete der Vater, „er hat was Besonderes an sich, pass auf, dass er uns nicht davonfliegt!" Sascha starrte das Spielzeug an, unter seinem unverwandten Blick schien das Engelchen größer, leuchtender zu werden, seine Flügel bebten noch stärker ... und alles, die blakende Lampe, die verrauchte Tapete, der einfache Holztisch, ja die ganze ärmliche Einrichtung des Raumes verschwand ... Dem alten Mann schien, er befinde sich wieder in der Welt, zu der er einst, als er noch nicht arbeitslos war, gehörte, als er weder Sorgen noch Not kannte, als sein Leben froh und hell dahinfloss ... Das Engelchen war herabgestiegen und hatte einen Lichtstrahl in sein graues eintöniges Leben gebracht. Und neben ihm, dem Alten, saß mit leuchtenden Augen, gleich glücklich wie er, das am Anfang des Lebens stehende Menschlein. Für beide waren Gegenwart und Zukunft entschwunden ... Formlos und nebelhaft war Saschas Träumerei, alles Schöne, alle Hoffnungen seiner sehnenden Seele schien das Engelchen in sich eingesogen zu haben, daher strahlte es in solch herrlichem Licht, daher bebten so geheimnisvoll seine Flügel ... In solchen Halbtraum versunken war Sascha unbemerkt eingeschlafen, auch der Vater begab sich zur Ruhe.

Und das Engelchen? Aufgehängt in der Nähe des warmen Ofens begann es zu schmelzen, dicke Wachstropfen flossen längs seiner Füßchen hinab, dann erbebte der ganze Engel, als wolle er tatsächlich fortfliegen und fiel auf die heißen Platten des Ofens. Eine neugierige Schabe begann die formlose Wachsmasse zu umkreisen, lief dann eilig davon ... Ins Fenster drang das Licht der Morgendämmerung, im Hof klapperte der Wagen des Milchmanns – und der Engel war nicht mehr! Was tat's? Durch sein kurzes Dasein hatte er doch die zwei Menschen für einige Zeit so glücklich gemacht!

Leonid Andrejew

9

Schaufenster vor Weihnachten

Weihnachten ist eine Angelegenheit, von der ich eigentlich nicht gerne spreche. Einerseits weckt das schöne Wort so tiefe, heilige Erinnerungen aus dem Sagenbrunnen der Kindheit, flimmert so magisch im Schein jener blonden Lebensmorgenfrühe und ist so durchstrahlt von unzerstörbar heiligen Symbolen: Krippe, Stern, Heilandkind, Anbetung der Hirten und Könige und Weise aus dem Morgenland! Und anderseits ist „Weihnacht" ein Inbegriff, ein Giftmagazin aller bürgerlichen Sentimentalitäten und Verlogenheiten, Anlass wilder Orgien für Industrie und Handel, großer Glanzartikel der Warenhäuser, riecht nach lackiertem Blech, nach Tannennadeln und Grammofon, nach übermüdeten, heimlich fluchenden Austrägern und Postboten, nach verlegener Feierlichkeit in Bürgerzimmern unterm aufgeputzten Baum, nach Zeitungsextrabeilagen und Annoncenbetrieb, kurz, nach tausend Dingen, die mir alle bitter verhasst und zuwider sind, und die mir alle viel gleichgültiger und lächerlicher vorkämen, wenn sie nicht den Namen des Heilands und die Erinnerungen unserer zartesten Jahre so furchtbar missbrauchten. Nun, sprechen wir also nicht von Weihnachten – es kämen dabei ja doch lauter Verlegenheiten heraus, zum Beispiel, dass ich noch immer keine Ahnung habe, was ich meiner Freundin schenken soll und ob zwanzig Mark für die Köchin richtig ist –, ach und wenn ich doch den Freund S. daran hindern könnte, mir wieder ein so kostbares und dabei so jämmerlich unnützes Geschenk zu machen wie im letzten Jahr! Oder, falls es sich nicht ganz vermeiden lässt, an die Weihnacht zu denken, so lasst mich an jene wirkliche und echte Weihnachtsvorfreude denken, die ich auch heute noch, als enttäuschter und einsamer Mensch, zu empfinden vermag: an die Freude beim Herstellen jener Weihnachtsgeschenke, die ich auch heute noch, wie einst in den Knabenzeiten, für einige meiner Freunde mit eigener Hand herzustellen gewohnt bin, kleine Hefte mit neuen, handgeschriebenen Gedichten; Blätter mit Landschaftsaquarellen und dergleichen Dinge. Nun, trotz allen widerstreitenden und beklemmten Gefühlen muss ich sagen: An manchen Abenden im Dezember, wenn es nach trübem, verschleiertem Nachmittag in den Geschäftsstraßen aufzuflammen beginnt, wenn alle die farbigen und grellen Schimmer aus den Schaufenstern auf den feuchten oder beschneiten Asphalt herausfallen und die Straße etwas festlich Belebtes bekommt, dann macht dieser verlogene, heftige Weihnachtsbetrieb mit seiner lichten Außenseite mir doch einigen Spaß, und ich kann dann eine Stunde lang gerade in jenem Stadtteil bummeln, den ich sonst vermeide, und kann eine Stunde lang verloren und gefesselt an den strahlenden Läden hinstreichen, ins Schauen verloren. Es träumt mir dann, ich sei ein Kalifensohn aus Bagdad und sei nach langer, abenteuerlicher Reise, aus Todesgefahr und bitterer Gefangenschaft entronnen, in eine leuchtende Stadt des fernen Ostens gelangt und mische mich entzückt und neugierig in das Gewühl um die Basare der Händler.

Nachdenken verträgt sich schlecht mit dieser Stimmung, und das Schöne an dieser abendlichen Bummelstunde ist gerade das Erlöstsein vom Denkenmüssen. Aber wenn ich dabei doch je und je ein wenig gedacht und mich selber beobachtet habe, so machte ich dabei jedes Mal mit einem gewissen (manchmal lachenden, manchmal eher peinlichen) Erstaunen die Entdeckung, dass ich, der rüstige Fünfziger mit dem leicht ergrauenden Scheitel und dem milden Brillengesicht, im Grunde meiner Seele ungewöhnlich infantil geblieben oder wieder geworden sein muss. Ich bemerke dies, wenn ich mir Mühe gebe, darauf zu achten, wie eigentlich diese vollen, strahlenden Schaufenster auf mich wirken und welcherlei Gegenstände es sind, die mir auffallen und die mich zu Wünschen reizen. Ich mache alsdann die Wahrnehmung, dass die Sachen, die mir gefallen und die mich lüstern zu machen vermögen, beinahe alle noch dieselben sind wie in meiner Knaben- und frühen Jugendzeit.

In der Tat, inmitten dieses schreienden und etwas negerhaften Überangebotes von Waren sind es nur wenige, die ich für meine eigene Person zu begehren vermag, und alle die Errungenschaften der neueren Technik lassen mich schrecklich kalt. Ich sehe mit Erstaunen, dass auch vor solchen Schaufenstern neugierige und begehrende Menschen stehen, in die ich nicht ohne tiefe Langeweile zu blicken vermag und vor denen meinen Schritt zu verlangsamen mir niemals einfallen würde. Das sind zum Beispiel Läden mit Kodaks, mit Grammofonen, mit Sportgeräten, mit Radioapparaten – wenn ich einen Freibrief hätte, der mir erlaubte, aus allen diesen Läden alles zu wählen, was nur irgend zu besitzen mich gelüstete, ich würde den Freibrief wegwerfen und weitergehen. Raffinierte Chronometer, witzige Rasierapparate, blitzende Mikroskope, niedliche Zimmerkinematografen – nichts von allem wäre mir auch nur das Einwickelpapier wert.

Anders steht es mit den Auslagen der Buchhändler. Obwohl auf diesem Gebiet reichlich verwöhnt und überfüttert, bleibe ich vor einem guten Buchladen doch fast immer ein wenig stehen, und nicht nur der geistige Markt interessiert mich, die Namen der Kollegen, die Anpreisungen der Verleger, sondern mindestens ebenso sehr interessiert und lockt mich das Materielle dieser Bücher: ein roter Lederrücken, eine schöne englische Leinwand, ein schön getöntes Pergament, ein derbes knotiges Segeltuch als Mappenumschlag. Nun, und es sind ja auch immer wieder manche freundliche Erscheinungen in der Bücherwelt zu entdecken, wenn auch das Niveau im Ganzen recht bescheiden ist. Ich sehe mit Freude die sechs braunen Bände mit Rilkes gesammelten Werken stehen und Martin Bubers Chassidische Schriften in einem Bande und Knut Hamsuns „Landstreicher" (O, August, du Teufelskerl), ich freue mich darüber, dass es neue Bände von Josef Conrad gibt, ich blinzle dem „Steppenwolf" zu und grüße die „Gäste" von Georg Munk, und einmal gehe ich sogar in einen Laden hinein und lasse mir ein Bilderwerk vorlegen, das ich im Fenster sah. Glasenapps „Heilige Stätten Indiens", stehe lang über die Tafeln gebeugt, nach Indien verirrt, ergriffen davon, dass auch diese so sehr fremden, so sehr exotischen Riesentempel, Höfe, Teiche und Höhlengrotten dieselbe immer gleiche Sprache sprechen wie die französischen Kathedralen und die süditalienischen Tempel, die Sprache des Glaubens und der Hingabe, der Begeisterung und seligen Verschwendung vor dem Göttlichen.

Erinnern mich diese Buchläden an viele Begeisterungen und Begierden der Jünglingszeit, so führen andere Bilder mich noch weiter in meine Vergangenheit, ja eigentlich hätte ich sie zuerst nennen sollen. Das mit den Büchern war zwar keineswegs gelogen, aber ein klein wenig Schönfärberei war doch wohl dabei. Denn siehe, es sind andere Schaufenster und Kaufläden, vor denen ich die stärksten Eindrücke, die wärmsten Erlebnisse, die kräftigsten Wünsche habe. Mit kindlicher Bewunderung und primitiver Lust betrachte ich die verlockenden Esswaren, und zwar am meisten die kindlichsten, die Süßigkeiten. Dem reisenden Kalifensohn kommen heftige Kindheitsbegierden zurück, wenn er diese riesigen Kristallschalen voll großer Pralinen betrachtet, diese Berge von farbig verpackten Schokoladetafeln, die üppigen Platten voll Meringues und Schokoladeschäumchen. Und in einem anderen Fenster, das unendlich viel poetischer aussieht als jene Ausstellungen von Kodaks und Lautsprechern, entzücken mich, obwohl ich seit undenklichen Zeiten keine Wurst mehr gegessen habe, die feisten glänzenden Wurstkränze, die still und trocken herabhängenden Salami, die in Stanniol gerollten, schräg angeschnittenen Leberwürste, von denen ich mir niemals eine kaufen werde, von denen ich die meisten gar nicht essen und verdauen könnte, denn Wurst ist eine Speise für Optimisten, deren Anblick mich aber dennoch bezaubert und mir eine Vorstellung von Reichtum und Wohlleben gibt. O, und ein kleiner zarter Rollschinken, ein Kleinod von einem hübschen Schinkchen, führt mich tatsächlich in Versuchung – weiß Gott, ob ich ihn mir nicht kaufen werde. Indessen stellt der nächste Laden mir noch Köstlicheres vor die Sinne: In zauberhaften Farben wie große fremde Edelsteine leuchtend sind da kandierte Früchte zu sehen, Birnen, Pfirsiche, Pistazien, Oliven, Ananas. Nichts davon werde ich mir kaufen, nichts davon könnte ich verdauen. Kandierte Früchte sind zwar keine Spezialspeise für Optimisten, o nein, aber doch mehr für Frauen und Jugendliche, jedenfalls aber nicht für schonungsbedürftige, magenzarte und etwas leidende Halbgreise. Taumelt weiter, entzückte Augen!

Es kommt ein Geschäft mit Thermosflaschen, Wärmkissen, Bauchbettflaschen und dergleichen Dingen, ein Geschäft, welchem ich Aufmerksamkeit zu schenken Grund hätte, aber ich gehe kalt vorüber. Eine richtige Apotheke hingegen fesselt mich jetzt; das ist ein Jahrmarkt, den ich gern sehe, und wenn auch mein Verstand die hier veranschaulichte Verbindung von Wissenschaft und Industrie im Zeichen des Mammons eher ironisch betrachtet, so lese ich doch auf diesen farbigen Flaschen, auf diesen hübschen seidigen Packungen und Schachteln mit Interesse und Vergnügen die vielversprechenden Namen, deren Mehrzahl in einem arg verdorbenen Griechisch erfunden sind. „Keine Gicht mehr!" verspricht eine ovale Glasdose, aber weder auf diese Dose noch auf das Plakat „Sind Sie nervös?" lasse ich mich ein, ich hasse solche zu täppischen Fragen. Dagegen sehe ich hier und dort in Glasröhrchen, in Fläschchen, in Paketen gute Freunde liegen, Mittel, die ich kenne und schätze, und von denen es gut ist, eine kleine Auswahl im Reisekoffer zu haben. Namen nenne ich nicht – noch nie hat eine chemische Fabrik mir Rezensionsexemplare geschickt.

Herrlich leuchten die festlichen Läden. Zwei Arten von Läden gibt es, vor denen ich manchmal stehen bleibe, jedoch nicht um die Auslagen, sondern um die von ihnen angezogenen Menschen zu betrachten. Es sind die Läden, in denen man Kinderspielzeug kauft, und jene, in denen elegante Frauen für Kleidung, Schmuck, Haar und Haut, Nägel und Zehen das Nötige angeboten bekommen. Da sieht man schöne Augen, oft im prächtigen nackten Brand des primitivsten Begehrens glühend, und man stellt mit Freude fest, dass es Welten und Industriezweige gibt, deren Notwendigkeit man zwar nicht auf unmittelbarem, aber doch auf diesem indirekten Wege zu erkennen vermag.

Höchst unmittelbare Wege aber schlägt mein Begehren ein, wenn ich vor einem diskreten Fenster halte, wo ausgesuchte Marken alten Kognaks und edler Weine stehen und ebenso vor jenen blanken, schönen Fenstern, wo auf Glasscheiben die Tabake und Zigarren locken, die schweren dicken, in Stanniol gewickelten Importe, die schwarzen guten Brasilzigarren, die hübschen lichten Holländer, die köstlichen Manilas.

Und noch eine Art von Geschäften gibt es, die seit den frühesten Zeilen ihren Zauber für mich nicht verloren haben. Es sind die Läden mit Papier, mit Bleistiften, Federn, Farben, Aquarellkästen, Linealen, Zirkeln, Zeichenkohle. Da bleibe ich lange stehen, verliebt in eine Kollektion herrlicher Pariser oder Londoner Wasserfarben, in ein Bündel edler Kohinoorstifte, in eine Schachtel mit sibirischem Graphit, in Rollen und Lagen edler Papiere. So einhundert Bogen von einem zart-festen, soliden Büttenpapier, das wäre ein Geschenk, mit dem man mich ködern könnte!

Aber am Ende bekommt man kalte Füße, und zum Kaufen ist ja auch ein andermal noch Zeit. Ach, wenn mir nur Freund S. zu Weihnachten nicht einen Kodak oder einen Korb Orchideen schenkt!

Hermann Hesse

Weihnachtliche
Vorboten

Mit dem Gänseschlachten fing es an. Eine reguläre Wirtschaftsführung ohne Gänseschlachten konnte nicht wohl gedacht werden. Es handelte sich dabei um mancherlei, zunächst wohl um die Federn zur Herstellung immer neuer Fremdenbetten, vor allem aber auch um die geräucherten Gänsebrüste, die fast so wichtig waren wie die Schinken und Speckseiten im Rauchfang. Waren, kurz vor Martini, die Gänse zu diesem Zweck in genügender Zahl herangetrieben und auf dem Hofe, wo nun ein entsetzliches Schnattern uns eine Woche lang um unsere Nachtruhe brachte, zu letzter Auffütterung eingepfercht, so wurde auch schon der Tag zu Beginn der Festlichkeit festgesetzt. Meist Mitte November. Auf dem Hofe, hart an die Giebelwand des Hauses sich lehnend, befand sich, wie schon erzählt (und zwar sonderbarerweise mit einem Taubenschlage darüber), die Gesindestube, darin außer der Köchin noch zwei Hausmädchen schliefen. Immer vorausgesetzt, dass sie schliefen. Der Kutscher – anstelle des alten Ehm war längst eine jugendliche Kraft getreten – sah sich der Hausordnung nach zunächst freilich auf die Häckselkammer neben dem Pferdestall angewiesen, er verzichtete jedoch gern auf die Selbstständigkeit dieses ihm zuständigen Aufenthalts und zog es vor, den ohnehin engen Raum der Gesindestube durch seine Gegenwart noch enger zu machen. Alles nach dem Satze: „Raum ist in der kleinsten Hütte etc." War nun aber die Gänseschlachtzeit herangekommen, so bedeutete das eine weitere, sehr erheblich gesteigerte Raumbeschränkung, denn am selbigen Abend, an dem das Massakrieren beginnen sollte, stellte sich zudem, was für gewöhnlich die Gesindestube beherbergte, auch noch ein Aufgebot alter Weiber ein, vier oder fünf, die sonst als Wasch- oder auch wohl als Jätefrauen ihr Dasein fristeten. Und nun begann das Opferfest. Immer spätabends. Durch die weit offen stehende Tür, geöffnet, weil es sonst vor Stickluft nicht auszuhalten gewesen wäre, schienen die Sterne in den verqualmten und durch ein Talglicht kümmerlich erleuchteten Raum hinein. An dem Talglicht immer ein Dieb. Nächst der Tür aber, in einem Halbkreise, standen die fünf

Schlachtpriesterinnen, jede mit einer Gans zwischen den Knien, und sangen, während sie mit einem spitzen Küchenmesser die Schädeldecke des armen Tieres durchbohrten (eine Prozedur, deren Notwendigkeit mir nie klar geworden ist), allerlei Volkslieder, deren Text in einem merkwürdigen Gegensatz sowohl zu dem mörderischen Akt wie zu der Trauermelodie stand. So wenigstens musste man annehmen, denn die Mädchen, die, den Gast aus der Häckselkammer zwischen sich, auf der Bettkante saßen, begleiteten die Volkslieder mit unendlichem Vergnügen, ja, die besonders traurig klingenden Stellen sogar mit Juchzern. Meine beiden Eltern waren sittenstreng, und es war oft die Rede davon, ob diesem frechen Treiben nicht Einhalt zu tun sei; schließlich aber hatte man den Kampf dagegen aufgegeben, und mein Vater, dem es schwante, dass dergleichen schon im Altertume vorgekommen sei, sagte, nachdem er nachgeschlagen: „Es ist eine Wiederholung alter Zustände, römische Saturnalien oder, was dasselbe sagen will, momentane Herrschaft der Dienenden über die sogenannte Herrschaft." Und als er so den Hergang historisch rubriziert hatte, gab er sich zufrieden, umso mehr, als die Mädchen am andern Morgen ihn jedes Mal durch einen ganz besonders sittigen Augenniederschlag erheiterten. Er stellte dann fantastisch ausschweifende Betrachtungen an, als ob „Gil Blas" seine Lieblingslektüre gewesen wäre. Das war aber nicht der Fall, er las vielmehr nur Walter Scott, was ich ihm heute noch danke, denn einige Bröckelchen fielen schon damals für mich ab. „Quentin Durward" zog er allem vor, vielleicht weil es ein französischer Stoff war. Ich habe hier übrigens noch hinzuzufügen, dass die Schrecknisse dieser Gänseschlachtepoche mit der eigentlichen Schlachtnacht und den Trauermelodien keineswegs abgetan waren, sondern sich durch mindestens eine halbe Woche hin noch weiter fortsetzten. Diese Schlachtzeit war nämlich zugleich auch die Zeit, wo das aus Gänseblut zubereitete „Schwarzsauer" tagtäglich auf unseren Tisch kam, ein Gericht, das nach pommerscher Anschauung alles andre aus dem Felde schlägt. Auch mein Vater hielt es für seine Pflicht, sich dieser landestümlichen Anschauung anzuschließen, und sagte, wenn die dampfende Riesenschüssel erschien: „Ah, das ist recht; davon esst nur; das ist die schwarze Suppe der Spartaner; alles Saft und Kraft." Er selber aber suchte sich geradeso wie wir das Backobst und die Mandelklöße heraus und überließ die Kraftbrühe der Gesindeschaft draußen und vor allem den Schlacht- und Klageweibern, die sich durch ihre Bohrversuche den gegründetsten Anspruch darauf erworben hatten.

Etwa vierzehn Tage später folgte dann das Schweineschlachten. Meine Stellung dazu war noch genau dieselbe wie zu der Zeit, wo ich, kaum siebenjährig, aus der Stadt hinaus auf Alt-Ruppin zu geflohen war, um sowohl dem Anblick wie der ganzen Skala ohr- und herzzerreißender Töne zu entgehen; aber ich war doch inzwischen aus den Kinderjahren in die Jungenjahre hineingewachsen, wo man wohl oder übel seine Ehre darin setzt, alles mannhaft mit durchzumachen, auch wenn sich die eigenste Natur dagegen auflehnt. Dass die Aussicht auf „Reiswurst mit Rosinen" bei Durchführung dieser Tapferkeitskomödie mitgewirkt hätte, kann ich nicht sagen, denn sosehr ich sonst für gute Bissen war, so war ich doch in den der Weihnachtszeit voraufgehenden Wochen immer halb krank von dem unausgesetzt das Haus durchziehenden Fettwrasen. Jedenfalls konnte von gutem Appetit um ebendiese Zeit (trotzdem sich's da gerade verlohnt hätte) nie recht die Rede sein, besonders dann nicht, wenn um Anfang Dezember, wie fast regelmäßig geschah, auch noch ein Hirsch von der Oberförsterei her eingeliefert war, der nun – aufgebrochen wie man ein Rind aufbricht – an die

Giebelwand des Gesindehauses gehängt wurde. Tag um Tag trat dann die Köchin an das schreckliche Giebelornament heran und schälte erst das Ziemer und dann die Vorder- und Hinterschlegel heraus, sodass wir immer aufatmeten, wenn es mit dieser Wildherrlichkeit wieder vorbei war.

Unter einem glücklicheren Stern stand die Backwoche, wo mit Pfeffer- und Zuckernüssen begonnen und mit Brezeln, Kranz- und Blechkuchen aufgehört wurde. Wir durften nicht nur mit in die Backstube hinein, darin es überaus anheimelnd nach bitteren Mandeln und geriebener Zitrone roch, sondern erhielten auch, als Weihnachtsvorgeschmack, eigens für uns Kinder gebackene kleine Wecken, alles reichlich zugemessen. „Ich weiß", sagte meine Mutter, „dass sie sich den Magen daran verderben, aber das ist besser, wie wenn sie knapp gehalten werden. Sie sollen all diese Zeit über eine Festfreude haben, und die bringt ihnen ein Festkuchen am besten bei." Es hat was für sich, und bei ganz robusten Kindern mag es das unbedingt Richtige sein. Aber so robust waren wir doch nicht, dass es für uns so ohne Weiteres gepasst hätte. Mir war denn auch um Weihnachten herum immer sehr weinerlich zumute.

Theodor Fontane

Schuhschwämmchen

Das Schönste in der Adventszeit, das wissen Sie so gut wie ich, ist ja bekanntlich nicht die Freude, sondern die Vorfreude. Und vor allen Dingen, wenn meine Frau mich in Ruhe lässt und nicht dauernd fragt, was möchtest du denn zu Weihnachten. Die ist nämlich jetzt schon seit Oktober wieder dran, was möchtest du denn, was möchtest du denn. Ich denk, sag mal nichts. Sagte mein Vater immer, der sagte immer, sag mal nichts, wenn wir gleich zu Tante Gretchen gehen. Das gibt nur böses Blut. Und wenn sie fragt, warum wir neulich nicht bei der Beerdigung waren, sagst du einfach, wir hätten an dem Tag zum Friseur gemusst. Ja, ja. Ich sag, ich hab' doch alles, ich brauch also nichts. Ich muss, sagen wir mal, nichts dazuhaben. Ich mein, für die Segelyacht und die Villa in der Provence, dafür bin ich sowieso nicht zu gebrauchen. Was soll ich da? Was soll ich da? Dauernd dahinfahren, um nachzugucken, ob die Fensterscheiben noch drin sind? Das ist nicht mein Lebensziel. Ich sitz gern zu Hause in der Küche am Niederrhein, da muss ich keine Karibik haben an Weihnachten. Aber meine Frau lässt nicht locker. Irgendwas wird dir doch einfallen. Ja, ich sag, gut, 'ne Kleinigkeit. Ja, was ist denn das, 'ne Kleinigkeit. Das sagst du jedes Mal, 'ne Kleinigkeit, aber du sagst nie, was das ist, 'ne Kleinigkeit. Ja, ich weiß es doch auch nicht. Einfach so was Kleines, so'n kleines Schuhschwämmchen vielleicht. Was ich dann für unterwegs mitnehmen kann. Das ist es, genau das ist es. Ja, so ein kleines Schuhschwämmchen für die Reiserei. Das kann ich doch jeden Tag kaufen, sagt meine Frau, so'n Schuhschwämmchen. Das ist doch keine Überraschung. Ich sag, so'n kleines Schuhschwämmchen, das ist die Überraschung schlechthin, sag ich. Ja sicher, die Überraschung, weil da an Weihnachten kein Mensch dran denkt. Ja, alle schenken sie sich Schmuck und feine Sachen und so weiter, aber so ein kleines Schuhschwämmchen, da kommt keiner drauf. Ja, sagt meine Frau, da gehst du überall hin, und wenn du dann gefragt wirst, was hast du denn zu Weihnachten gekriegt, dann sagst du, so'n kleines Schuhschwämmchen. So'n kleines Schuhschwämmchen zum Mitnehmen. Wie sieht denn das wieder aus. Wie stehe ich dann wieder da. So'n Schuhschwämmchen, das kann man mal unter „ferner liefen" schenken, aber doch nicht als einziges Geschenk. Da muss doch noch ein Hauptgeschenk dazu. Nein, sag ich, umgekehrt, das Schuhschwämmchen ist das Hauptgeschenk. Weil, dann brauch ich doch nicht mehr die Dinger aus den Hotels mitzunehmen. Ich hab dann mein eigenes Schuhschwämmchen. Und wenn du mir dann dazu noch ein paar Socken oder ein Oberhemd dazuschenkst, wie jedes Jahr, dann bin ich schon zufrieden. Mehr brauch' ich eigentlich nicht. Das ist doch alles nix Halbes und nix Ganzes. Das muss auch gar nicht sein, was Halbes will ich nicht und was Ganzes brauch ich nicht. Ich lauf' sowieso immer am liebsten mit den gleichen Klamotten rum. Nur die Schuhe, die müssen ab und zu geputzt werden. Ach, mach doch, was du willst, sagt meine Frau. Das sagt sie immer, wenn sie bei mir nicht weiterweiß, sagt sie immer, ach, mach doch, was du willst. Aber wehe, ich würde machen, was ich will. Aber komm mir nicht nach Weihnachten und sag, dir wär doch noch was eingefallen, du hättest da noch was im Schaufenster gesehen. Nix, du kriegst jetzt dein kleines Schuhschwämmchen und damit basta. Ja, sag ich, und bitte an Heiligabend Kartoffelsa-

lat mit Würstchen. Sonst habe ich keine Freude
an dem kleinen Schuhschwämmchen.

Hanns Dieter Hüsch

12

Schöne,
wertvolle Dinge

Wir waren seit drei Jahren nicht mehr in der
Oper gewesen – und nun gleich den „Tristan".
Weil die Meyer sang und Barenboim dirigierte,
liefen wir vor dem Eingang durch ein Spalier
von Wagnerianern, von denen einige sogar ohne
Regenschirm oder Kapuze im Schneeregen aus-
harrten, um uns ein Schildchen „Suche Karte"
entgegenzuhalten. Wir saßen im Parkett, Reihe
sieben, Plätze 14 und 15 – es musste ein Vermögen gekostet haben. Dem Dirigenten sahen
wir, als er sich umdrehte, direkt ins Gesicht, und
mir schien, dass er ausgerechnet uns zunickte,
obwohl er, vom Scheinwerfer geblendet, wahrscheinlich nicht mal die Leute in der ersten Reihe erkannte.
Möglicherweise wurden auch wir beobachtet,
möglicherweise saßen wir sogar neben Leuten,
die uns auf solch noble Weise entschädigen woll-

ten. Noch während der Ouvertüre ergriff Dorothea meine Hand und ließ sie bis zur Pause nicht mehr los. Wir genossen die Musik, die Inszenierung, überhaupt den ganzen Abend. Es klingt natürlich sehr pathetisch, aber durch diese Geschichte mit den Karten war in uns der Glaube an das Gute ermuntert worden. Seit Jahren hatte ich mich nicht mehr so auf Weihnachten gefreut. Zu Nikolaus war Dorotheas Fahrrad aus dem Hof verschwunden, geklaut. Nur wer Dorothea kennt, weiß, wie sehr sie an diesem Rad hängt, ein altmodisches schwarzes schweres Damenfahrrad mit einer Dreigangschaltung und einem Korb auf dem Gepäckträger. Es gehörte zu ihr, zur Familie. Deshalb war es vor allem eine Frage der Pietät, dass wir den Diebstahl bei der Polizei meldeten. Die sahen das nicht anders. Je öfter Dorothea und ich uns vorhielten, dass es sich ja nur um ein altes Fahrrad handelte, von dem die Farbe blätterte und das sowieso bald neue Räder gebraucht hätte, wir also einem Haufen Schrott ohne Versicherungswert nachtrauerten und ich nun sogar wusste, was ich ihr zu Weihnachten schenken könnte – umso mehr spürten wir, dass wir uns belogen. Es war falsch, so miteinander zu reden. Selbst ich merkte das, obwohl ich in diesen Dingen eher abgebrüht bin. Ich fürchte mich davor, etwas Wertvolles geschenkt zu bekommen. Es dauert Wochen, bis mir ein edler Füller auf dem Weg von Tasche zu Tasche und Schreibtisch abhandenkommt oder ein Schal plötzlich fehlt, von Handschuhen ganz zu schweigen oder dem halben Dutzend Rotweingläsern, die mir beim Ein- oder Ausräumen der Spülmaschine einfach zerbrochen sind. Die Ausnahme ist mein Regenschirm, zu dem ich ein fatalistisch animistisches Verhältnis pflege. Ungezählte Male habe ich ihn bisher vergessen. Vor einigen Wochen war ich morgens aufgeschreckt. Überdeutlich sah ich meinen Schirm bei einem Fleischer im Stuttgarter Bahnhof stehen. Meine Unfähigkeit, auf die wenigen schönen Dinge, die zu einem gehören, zu achten, deprimierte mich. Können Sie sich mein Glück vorstellen, als ich dann im Flur den Schirm an der Garderobe stehen sah? Für einen Augenblick war ich tatsächlich davon überzeugt, er sei mir nachgereist. Dorothea jauchzte förmlich, als ihr Fahrrad nach drei Tagen wieder im Hof stand.

Zwischen Korb und Gepäckträger klemmte ein Kuvert. Darin waren die Karten und ein computergeschriebener Brief, in dem sich Eltern für ihre Kinder entschuldigten und uns mitteilten, dass diese Spitzbuben, die eigentlich sehr lieb und nett seien, bestraft worden wären und versprochen hätten, so etwas nie wieder zu tun. Die Karten für die Oper sollten wir doch bitte als Geste der Wiedergutmachung annehmen.

Es hätte nicht viel gefehlt, und Dorothea wäre in Tränen ausgebrochen. Wer so etwas noch nicht erlebt hat, der ahnt gar nicht, wie belebend eine solche Geste sein kann. Natürlich sahen wir uns die Leute auf den Nebenplätzen genauer an. Fast hätte ich das Ehepaar rechts von uns in der zweiten Pause auf ein Glas Sekt eingeladen.

Wie die Sache ausging, ahnen Sie wahrscheinlich. Dorotha meinte, sie habe bereits beim Aufschließen der Wohnungstür gewusst, das etwas nicht stimmte.

Sie hatten gründliche Arbeit geleistet. Noch immer sehe ich uns im Vorraum stehen – selbst den Spiegel hatten sie mitgehen lassen. Dorotheas rechter Daumen tippte zweimal die 1 und einmal die 0. Sie musste anrufen, weil ich in der einen Hand den nassen Schirm hielt, in der anderen ihre Linke. Dann drückte Dorothea auf die Taste mit dem Lautsprecher, sodass wir gemeinsam dem Tuten des Rufzeichens zuhören konnten.

Ingo Schulze

Gang über den Weihnachtsmarkt

Welch ein Gang war das, den ich mit dem tollen Karikaturenzeichner in der Dämmerung des Abends machte! In wie viel Keller- und andere Fenster musste der Mensch gucken; in wie viel kleine frostgerötete Hände, die sich an den Ecken und aus den Torwegen uns entgegenstreckten, ließ er seine Viergroschenstücke gleiten! Welch ein Gang war das! Die Geister, die den alten Scrooge des Meisters Boz über die Weihnachtswelt führten, hätten mich nicht besser leiten können als Herr Ulrich Strobel. Jetzt betrachteten wir die fantastische Ausstellung eines Ladens, jetzt die staunenden, verlangenden Gesichter davor; jetzt entdeckte Strobel eine neue Idee in der Anfertigung eines Spielzeugs, jetzt ich; es war wundervoll!

An der Ecke des Weihnachtsmarktes blieben wir stehen, in das fröhliche Getümmel, welches sich dort umhertrieb, hineinblickend. Im ununterbrochenen Zuge strömte das Volk an uns vorbei: Väter, auf jedem Arm und an jedem Rockschoß ein Kind; Handwerksgesellen mit dem Schatz, den sie aus der Küche der „Gnädigen" weggestohlen hatten; ehrliche, unbeschreiblich gutmütig und dumm lächelnde Infanteristen, feine, schmucke Garde-Schützen, schwere Dragoner und „klobige" Artillerie. Hier und da wandten sich junge Mädchen zierlich durch das Getümmel; jedes Alter, jeder Stand war vertreten, ja sogar die vornehmste Welt überschritt einmal ihre närrischen Grenzen und zeigte ihren Kindern die – Freude des Volks.

Der Zeichner war auf einmal sehr ernst geworden. „Sehen Sie", sagte er, „da strömt die Quelle, aus welcher die Kinderwelt ihr erstes Christentum schöpft. Nicht dadurch, dass man ihnen von Gott und so weiter Unverständliches vorräsoniert, sie Bibel- oder Gesangbuchverse auswendig lernen lässt; nicht dadurch, dass man sie – womöglich in den Windeln – in die Kirche schleppt, legt man den Keim der wunderbaren Religion in ihre Herzen. An das Gewühl vor den Buden, an den grünen funkelnden Tannenbaum knüpft das junge Gemüt seine ersten, wahren – und was mehr sagen will, wahrhaft kindlichen Begriffe davon!"

Ich wollte eben darauf etwas erwidern, als plötzlich eine Gestalt, in einen dunklen Mantel gehüllt, ein Kind auf dem Arme tragend, an uns vorbeischlüpfen wollte. Ein Strahl der nächsten Gaslaterne fiel auf ihr Gesicht, es war die kleine Tänzerin aus der Sperlingsgasse. Ich freute mich über die Begegnung und rief sie an: „Das ist prächtig, Fräulein Rosalie, dass wir Sie begleiten; denn um die Mysterien eines Weihnachtsmarktes zu durchdringen, ist es jedenfalls nötig, ein Kind bei sich zu haben." Die Tänzerin knickste und sagte: „O, Sie sind zu gütig, meine Herren; Alfred hat mir den ganzen Tag keine Ruhe gelassen, und da kein Theater ist, so musste ich ihm doch die Herrlichkeit zeigen." – „Ja, Mann", sagte Alfred unter einer dicken Pudelmütze gar verwegen hervorschauend, „mitgehen!"

Ich stellte der Tänzerin den Nachbar-Zeichner vor, und das vierblättrige Kleeblatt war bald in der Stimmung, die ein Weihnachtsmarkt erfordert. Was für ein Talent, Kinder vor Entzücken außer sich zu bringen, entwickelte jetzt der Karikaturenzeichner. Er hatte der Mutter den dicken Bengel sogleich abgenommen, ließ ihn nun gar nicht aus dem Aufkreischen herauskommen und schleppte ihn hoch auf der Schulter durch das Gewühl voran. „O, ich bin Ihnen so dankbar, so dankbar, Herr Wachholder", flüsterte die kleine Tänzerin, zu deren Beschützer ich mich sehr gravitätisch aufwarf.

„Liebes Kind", sagte ich, „ein paar solcher Junggesellen wie ich und mein Freund würden solche Abende wie diesen sehr übel zubringen, wenn nicht dann ausdrücklich eine Vorsehung über sie wachte. Sie sollen einmal sehen, wie prächtig wir heute abend noch Weihnachten feiern werden – hören Sie nur, wie Alfred jubelt; sehen Sie, wie stolz und glücklich er unter der Pickelhaube vorguckt, die ihm eben Herr Strobel übergestülpt hat!"

Der Karikaturenzeichner hätte sich in diesem Augenblick sehr gut selbst abkonterfeien können – er tat es auch, aber später. Wundervoll sah er aus. Im Knopfloch baumelte ein gewaltiger Hampelmann, in der rechten Hand hatte er eine große Knarre, die er energisch schwenkte, während auf seinem linken Arm Alfred mit aller Macht auf eine Trommel paukte.

„Kleine Dame", sagte der Zeichner jetzt zu unserer Begleiterin, „stecken Sie mir doch einmal jene Tüte in die Rocktasche, ich komme nicht dazu. Heda, alter Wachholder", schrie er dann mich an, „gleiche ich nicht aufs Haar einer Kammerverhandlung? Rechts Knarre, links Getrom-

mel, und für das Fassen und Einsacken der be-
gehrten Süßigkeiten weder Kraft noch Platz!"
„Mama, der Onkel aber mal rechter Onkel!", rief
der Kleine entzückt von seiner Höhe herab, als
Rosalie der Anforderung Strobels nachkam und
ich ebenfalls die Tasche mit Allerlei füllte.
So ging es weiter, bis uns endlich die Kälte zu
heftig wurde. Der Zeichner löste sich auf - wie
er's nannte - und überlieferte mir die spielzeug-
behangene Linke, behielt jedoch die Knarre in
der Rechten, und nun ging's durch die men-
schen- und lichterfüllten Straßen nach Hause.
Wie glänzte heute Abend die alte dunkle Sperlingsgasse! Von den Kellern bis zum sechsten
Stock, bis in die kleinste Dachstube war die
Weihnachtszeit eingekehrt; freilich nicht allent-
halben auf gleich „fröhliche, selige, gnadenbrin-
gende" Weise. Welch einen Abend feierten wir
nun! Wir ließen unsere kleine Begleiterin natürlich nicht zu ihrem kalt gewordenen Stübchen
hinaufsteigen. War ich nicht schon auf der Uni-
versität meines famosen Punschmachens wegen
berühmt gewesen? (Eine Kunst, die mir mein Vater mit auf den Lebensweg gegeben hatte.) Der
Karikaturenzeichner holte einen Tannenzweig,
den er auf der Straße gefunden hatte, hervor und
hielt ihn ans Licht.

„Das ist der wahre Weihnachtsduft", sagte er, „und in Ermangelung eines Bessern muss man sich zu helfen wissen."

Wilhelm Raabe

14

Das Tannenbäumchen

Schon mehrere Wochen lang war der Winter Herrscher im Lande. Er führte ein strenges Regiment, und heute wütete in dem hochgelegenen Gebirgswäldchen ein solcher Sturm, dass sich selbst die ältesten Bäume einer ähnlichen Nacht nicht erinnern konnten. Aber sie beugten sich vor seiner Gewalt; denn trotziger Widerstand würde die Gefahr nur vergrößert haben.

Die jüngeren Bäume waren weniger geduldig; sie erhoben laute Klagen, und namentlich ein schlankes Tannenbäumchen vermochte kaum, seiner Unzufriedenheit Worte zu verleihen. „Was ist das für ein elendes Leben hier im Walde", so murrte es. „Von jedem Wetter muss man sich zerzausen lassen! Wer doch in der Stadt wäre!"

Der stürmischen Nacht folgte, wie es oft der Fall ist, ein heiterer Morgen; der Morgen des 20. Dezember. Das war ein wichtiger Tag für unsern Wald; denn in den ersten Stunden desselben pflegte der Förster die Bäume zu bezeichnen, die gefällt und in der nahen Stadt als Christbäume verkauft werden sollten. Mit Spannung wurde auch heute sein Kommen erwartet, und fast alle, die er wählte, nahmen traurig von der Heimat Abschied. Nur die unzufriedene junge Tanne, die der Förster mit der Wurzel ausheben ließ, freute sich.

Es war eine beschwerliche Fahrt nach der Stadt hinunter; die Bäume wurden tüchtig hin und her gerüttelt. Dieser Anfang des neuen Lebens gefiel unserer Tanne gar nicht, und wie der beschneite Wald, der in der Morgensonne so feierlich strahlte und glitzerte, immer weiter zurückblieb, da wollte sich fast Heimweh in ihr regen. Doch das wurde schnell abgeschüttelt. „Nun will ich mein Leben genießen!", dachte das Bäumchen, als es auf dem Marktplatz abgeladen wurde, und breitete fröhlich seine Äste aus.

Es dauerte nicht lange, so fand sich ein Käufer für den schön gewachsenen Baum. Und als die Tanne in einem reichen Hause in der warmen Stube stand und die Kinderschar sie jubelnd umringte, da konnte sie kaum noch begreifen, wie sie so lange das eintönige Leben im fernen Walde ertragen hatte.

So kam der Weihnachtstag heran. Am frühen Morgen schon begann der Hausherr mit dem

Anputzen des Baumes, der bald in reichem Schmucke dastand. Am Abend aber, als die Kinder unter seinen Zweigen ihr Weihnachtslied sangen und mit glänzenden Augen zu dem lichterfunkelnden Christbaum aufblickten, der mit seinen hellen Kerzen so festlich strahlte, da begann unser Bäumchen zu glauben, es müsse doch etwas ganz Besonderes sein, dass ihm so viel Bewunderung gezollt werde.

Es verlebte einen schönen Weihnachtsabend, dem fröhliche Festtage folgten. Auch dann noch behauptete es seinen Platz im Zimmer, da die Kinder sich nur ungern von dem lieb gewordenen Freunde trennen wollten. Am letzten Abend des Jahres wurde es seiner süßen Last beraubt, und der Vater benutzte die Gelegenheit, um den Kindern zu zeigen, wie reich ein solcher Baum schon vom Schöpfer ausgestattet sei, sodass er kaum noch besonderen Schmuckes bedürfe.

„Darum wollen wir auch", so schloss der Vater, „unsern schönen Baum im Garten einpflanzen lassen, sobald die Sonne einmal warm genug scheint und den ärgsten Frost aus der Erde nimmt."

So wurde der Baum einstweilen in einen dunklen Winkel des Holzschuppens gestellt. Dort wollte es ihm freilich nicht behagen nach der

schönen Festzeit im warmen Zimmer; aber er
tröstete sich damit, dass er ja bald eingepflanzt
werden sollte, und dann hatte er es besser als all
seine früheren Gefährten.

Aber Woche um Woche verging, und niemand
kam, den Weihnachtsbaum aus seiner Ecke zu
holen. Der Vater war kurz nach dem Fest von
schwerer Krankheit befallen worden, die alle Gedanken der Seinen in Anspruch nahm, sodass
die Tanne vergessen wurde.

Da sank dem Tannenbäumchen allmählich der
Mut. Wohl lag es im Schuppen geschützt und
hatte so viel Erde im Kübel, dass es einstweilen
noch sein Leben fristen konnte. Wie oft aber,
wenn das Dach des Schuppens im Winde klapperte, sehnte es sich nach den Stürmen des Waldes! Wie gern hätte es sich unter ihrer Wucht gebeugt, frei und kräftig im sichern Boden stehend,
um im Wind und Wetter Kraft und Wachstum zu
erringen! Nun stand ihm im dunkelsten Winkel
eines dumpfen Schuppens, fern von Licht und
Luft, ein langsamer Tod bevor. Dazu wurden die
Tage wieder länger, die Sonnenstrahlen spielten
immer heller durch das winzige Fenster herein.
Der arme Baum wagte nicht, sich das Leben und
Weben des Waldes zu dieser Zeit auszumalen.
Auch ihn wärmten einst die Sonnenstrahlen,

auch ihn küsste einst die frische Luft; doch das war vorbei, vorbei für immer - und sein schönes, freies Leben hatte er im Übermut eintönig gescholten!

„Warum hielt ich mich für besser als die andern! Könnte ich noch einmal am Waldesrande stehen im Kreise der Gefährten, mit ihnen vom nahen Frühling flüsternd - nie wieder wollte ich undankbar sein!" Wahre Reue kommt nie zu spät; das sollte auch das Bäumchen erfahren.

Eines Tages hatte der Diener beim Zerkleinern des Holzes den Weihnachtsbaum entdeckt und ihn aus seiner Ecke gezogen. Wie welk und krank sah er aus; die trockene Erde war fast ganz von den Wurzeln abgebröckelt. „Der taugt auch nur noch zum Brennen", meinte der Mann gleichgültig und trug ihn mit dem andern Holz in den Hof. Dort schien die Sonne hell und freundlich.

„Wie zum Abschied!", dachte das Bäumchen und sandte ihr zum Dank seinen Duft zu.

Doch „Sieh, Väterchen, unsern Weihnachtsbaum!" ertönte dicht neben ihm eine Kinderstimme. „Muss er nun sterben? Er duftet noch so schön, der liebe, liebe Baum!" Und ein freundliches Lockenköpfchen drückte sich in die grünen Zweige.

„Wie schade, dass er vergessen wurde!", rief nun auch der Vater, der endlich wieder genesen war.

„Ich hatte es so gut mit ihm gemeint. Doch sieh, die Erde, die an seinen Wurzeln klebt, hat ihn vielleicht gerettet; wir wollen versuchen, ihn noch einzupflanzen."

So geschah es; mit vieler Sorgfalt wurde der kranke Baum in die gelockerte Erde gesetzt und gepflegt, bis er sich nach einigen Wochen erholt hatte. Und als nun mit dem Frühling neues, frohes Leben rings im Garten erwachte und hier und da schon ein Blümchen sich herauswagte – wie fröhlich und dankbar breitete da das Bäumchen seine Äste dem Lichte und der Sonne entgegen und hätte am liebsten mit den Vöglein um die Wette gesungen, die sich in seinen Zweigen ein Nestchen bauten. Wohl war der Garten nicht groß, der Boden nicht so kräftig und die Luft nicht so frisch und frei wie einstmals im Walde, doch: „Nie wieder will ich hochmütig und undankbar sein!", sagte das Bäumchen und wuchs fröhlich auf im grünen Rasen, seinen Wohltätern und sich selbst zur Freude.

Marie Bürkner

15

Wenn es weihnachtet

Jedes deiner Jahre beginnt mit umfassender Entspannung. Alles ist geschenkt. Niemand hat mehr was zu bekommen. Bis Weihnachten: ein Jahr! Und in diesem Jahr wirst du Weihnachtsgeschenke nicht kurz vorm Fest kaufen wie bisher, sondern übers Jahr verteilt erwerben. Hier was mitnehmen, da was auswählen, dort was bestellen. Sehr locker sein. Dann vergehen Wochen, Monate.

Weihnachten hast du im Griff, denkst du. Weihnachten ist weit. Nach den Sommerferien ruft Mutter an: Was du dir zu Weihnachten wünschst? Sie wolle allmählich ... Plane gern ... Fahre zur Kur vorher ...

Da steigt ein Gefühl in dir hoch. Weihnachten! Schon will man wissen, was du dir wünschst. Dass Weihnachten nicht komme, wünschst du dir. Oder nicht so bald. Noch drei Monate!

Anfang Oktober: die Kataloge, Philip Morris Design Shop. Manufactum. Heine, formschöne Saftpressen, unbesiegbare Radiowerke, Füllfederhalter, dick wie Maiskolben. Da wird man in der Not was kriegen. Das ist dein Netz. Das entspannt dich wieder.

Dann aber der Dezember. Komischerweise hast du da immer besonders viel Arbeit. Eines Abends fragst du deine Frau: was sie sich wünsche. (Vielleicht sagt sie ja was.) Im September hat sie mal gesagt, was sie sich wünsche, so en passant. Das hast du vergessen. Sie, jetzt schnippisch. Ob dir nichts einfalle?

Natüüüüürlich, sagst du, wolltest nur wissen, ob zusätzlich zu dem, was du bereits habest, noch ein klitzekleiner Wunsch da sei ... Nein, nichts. Sie freue sich auf die Überraschung.

Ächz. Ein Fehler! Der Druck wird groß. Du spürst ihn, oh, wie du ihn spürst.

Du kaufst jetzt kleinere Dinge, Onkel, Tanten. Dann die schwierigeren, Schwiegereltern. Den Sohn, dafür sorgt deine Frau. Und deine Frau selbst?

Noch drei Tage.

Du hast nichts. Du musst den Christbaum ...

Und den Wein ...

Noch zwei Tage.

Mal in die Schmuckgeschäfte! Letztes Jahr hast du ihr einen Ring geschenkt, vorletztes eine Kette. Diesmal: Armreif? Armreife sind schwierig. Die Schmuckidioten machen alles Mögliche, nur keine guten Armreife. Alles mächtig, fett, protzig. Nichts Feines, Zartes, das ihre Persönlichkeit, ihr Fühlen träfe.

Noch einen Tag.

Vor sechs Monaten hast du einen tollen Reif gesehen.

Hast aber nicht an Weihnachten gedacht. Idiooooott!

Jetzt gibt es nichts. Warum musstest du dich auf Armreife festlegen? Bist nicht flexibel genug. Steckst nun in der Sackgasse. In der Maximilianstraße hast du mal was Schönes für sie gekauft. Arschteuer. Schweißausbruchteuer.

Egal jetzt.

Noch zwei Stunden!

Du kannst nicht ohne was kommen. Kannst ihr keinen Gutschein geben. Kannst nicht sagen, das Geschenk sei gestohlen worden. Kannst nicht sagen, auf der ganzen Welt gebe es keinen Gegenstand, schön genug für sie.

Ob der Laden noch offen hat? Du schwitzt. Kann sein, dass heute Abend alles zu Ende ist. Dass deine Hände leer sein werden. Dass es dein letztes Weihnachten ist. Dass sie weint. Dass dein Sohn sie trösten muss.

Du stürzt ins Geschäft. Der Laden zur letzten Hoffnung. Geben Sie mir einen Armreif, Mann! Sie haben nur noch diesen einen? HER! Hier geht's um die Existenz. Du wirst sagen, dass er zu ihr passt. Du weißt genau, dass er nicht zu ihr passt. Du weißt, dass sie das auch sagen wird. Du wirst sagen, dass du es anders siehst. Wirst quatschen. Dass der klobige Reif ihre Zartheit betont. Die Eleganz ihres Handgelenks hervorhebt. Dass aus diesem Widerspruch Spannung erwächst. Dass du das schön findest. Kann man umtauschen? Kann man. Wird man. Ich komme wieder. Erst mal schenken. Das ist jetzt das Wichtigste. Nächstes Jahr wirst du die Geschenke übers Jahr verteilt kaufen. Hier was mitnehmen, da was auswählen, dort was bestellen. Sehr locker sein. Nächstes Jahr.

Axel Hacke

16

Advent hinter
sieben Türen

Die Idee stammte von Paul. Im Religionsunterricht war natürlich von Weihnachten die Rede und dass man möglichst vielen Menschen eine Freude machen sollte. „Gestern", sagt er, „hat bei uns nebenan ein kleiner Chor gesungen, weil die alte Frau nicht mehr rausgehen kann. Singen können wir auch, und die Leute nebenan haben auch nicht grade wie die Windsbacher Knaben gesungen." Die drei andern waren einverstanden, und ein paar Weihnachtslieder kannten sie alle, mindestens die erste Strophe. Den Türöffner des Hochhauses, vor dem sie standen, ließ ein Mann grade summen, sie schlüpften mit ihm hinein. „Also los!", sagte Evelin, und sie sangen los; im Treppenhaus hallte es wieder. Nach einiger Zeit öffnete sich ein Türspalt. Von drinnen kam ein kräftiger Schwall von Beatmusik, und ein Mann drückte Evelin drei Euro in die Hand.

Die Tür schloss schnell, und sie standen ziemlich betreten davor. Sie versuchten es aber trotzdem vor der nächsten Tür, und die ging schon nach zwei Verszeilen auf. Eine alte Frau, weißhaarig und munter, sang den Schluss der Strophe selber gleich mit. „Kommt rein", sagte sie, „ich habe gerade die Adventskerzen angezündet. Wollen wir mal singen: ‚Macht hoch die Tür'? Ich freu mich so, dass ihr mitsingt. Meistens muss ich allein singen." Sie konnte ganz schön singen und kannte offenbar mehr Lieder als die vier zusammen. Schließlich fragte sie: „Kennt ihr ‚Dein König kommt in niedern Hüllen'? Sicher nicht. Das haben wir vor 60 Jahren gesungen – so alt bin ich schon. Das haben wir angestimmt, als der entsetzliche Krieg endlich vorbei war. Da haben wir aus Herzensgrund gesungen: ‚Lösch der Zwietracht Glimmen aus! Dass wir, die Völker und die Thronen vereint als Brüder wieder wohnen in deines großen Vaters Haus.'" Und plötzlich kamen ihr die Tränen.

Ein Stockwerk höher hatten sie wieder neuen Mut. Die Tür öffnete ihnen ein alter Mann nach längerer Zeit. Man sah ihm an, dass er Mühe mit dem Gehen und mit dem Gebrauch seiner rheumaverkrümmten Hände hatte. „Guckt euch bitte nicht um", sagte er. „Seit meine Frau tot ist, kommt der Sozialdienst. Aber ich sage: Ich schaff das schon. Die kommen ja kaum rum; da bin ich oft allein. Aber eine Strophe könnt ihr gern bei mir singen." Die Sänger sahen sich aber doch um, und zehn Minuten später sah die Wohnung ganz anders aus: Die beiden Mädchen waren über dem Aufwasch und beim Scheuern, Paul reparierte eine Lampe, Lutz kaufte nebenan fürs gemeinsame Kaffeetrinken Kuchen. – "Drei Euro können wir schon beisteuern", sagte er lachend. Gesungen haben sie dann auch eine Strophe. "Wie mit meiner Frau", sagte der alte Mann. Der Mann in der nächsten Wohnung war viel jünger. Willkommen waren sie ihm nicht; aber ganz abweisen wollte er sie auch nicht. "Ich bin Fan von Hannover 96", sagte er, "in zehn Minuten ist Halbzeit." – "Nein", sagten die Jungen, als er den Fernseher kurz abschalten wollte, "da unterbrechen wir mal die Weihnachtslieder."

"Ich steh natürlich auf München", sagte Lutz. Und zwanzig Minuten später sagte der Besuchte: "Das war prima, mit zwei Fachleuten zu gucken und zu reden. Und 'O du fröhliche!' singe ich gern mit, Weihnachten zu Ehren und zum Abschied."

Bei der anderen alten Frau waren sie dann am längsten. Sie konnte weder gut singen noch plaudern. Sie hatte ein langes und oft hartes Leben hinter sich: Flüchtling aus Ostpreußen, Hungersnot und mehrere Berufe, den Verlust zweier Söhne und Einsamkeit im Alter. Die vier hörten schweigend und gebannt zu. Als sie aufbrachen, war längst der Abend hereingebrochen. „Danke", sagten die jungen Leute. Und „Danke" sagte die alte Frau. „Darf ich noch einen Psalm sprechen, der mich mein Leben lang begleitet hat? Wenn der Herr die Gefangenen Zions erlösen wird", begann sie, „dann werden wir sein wie die Träumenden ..." Und wie sie es von ihrer Lehrerin kannten, sangen sie noch gemeinsam im lichtlosen Zimmer: „Die Nacht ist vorgedrungen. Der Tag ist nicht mehr fern." Als sie nach Hause gingen, kamen sie an der Marienkirche vorbei. Im Portal dieser Kirche steht seit alters die Mutter Maria. Wir können uns vorstellen: Als sie die vier vorbeikommen sieht, sagt sie fröhlich: „So hat es sich mein Krippenkind gewünscht: Dient einander, ein jeder mit der Gabe, die ihm gegeben ist."

Klaus-Peter Hertzsch

17

Weit hinten im Tal

Weit hinten im Tal liegt ein kleines Dorf, dessen Name kaum jemand kennt. Dort aber ist die Welt noch immer nicht zu Ende, denn man kann noch eine Stunde weitergehen, und erst dann kommt man an das alte Haus, in dem der kleine Sven lebt, der gerade einmal fünf Jahre alt ist.

Es war wenige Tage vor Weihnachten, da wurde es plötzlich bitterkalt. Und dann schneite es. Tagelang. Schließlich lag so viel Schnee um das Haus, dass es dem Sven mit seinen kurzen Beinen kaum möglich war, ein paar Schritte voranzukommen. Und er hatte doch im Dorf dicke Walnüsse und ein lustiges Buch kaufen und beides seiner Mutter unter den Weihnachtsbaum legen wollen, denn der Vater hatte für längere Zeit verreisen müssen, und die Mutter war daher sehr traurig. Mit dem Buch hätten sie dann vielleicht wieder einmal miteinander lachen können. So wie sonst immer.

Nun aber stand er am Fenster, schaute hinaus ins Schneetreiben und überlegte, wie er doch noch zu einem Geschenk kommen könnte. Schließlich zog er seine warmen Stiefel an und den dicken Mantel und machte sich auf den Weg zum nahen Wald. Warum er ausgerechnet zum Wald ging, hätte er gar nicht sagen können. Irgendetwas zog ihn dorthin. Als er dann erschöpft zu einem freien Platz kam, der umgeben war von hundert Tannen, die jetzt beladen waren mit frischem Schnee und die den Blick auf ihn von allen Seiten wie ein schützender Wall versperrten, lehnte er sich zunächst einmal an einen Baum und schloss die Augen. Er wollte nachdenken. Aber er träumte.

Er schaute auf und stellte fest, dass es nicht mehr schneite. Die Sonne strahlte auf die Tannen herab, es leuchtete und funkelte! Herrlich anzusehen! Doch seine Freude zog bald hinweg wie die Wolken, die eben noch über dem Wald gelegen hatten, denn ihm wurde klar, dieses Glitzern und Funkeln, das ihn umgab, wäre ein wunderschönes Geschenk für seine Mutter, aber mitnehmen, mitnehmen konnte er es ja nicht.

Dann bemerkte er ein Licht zwischen den Tannen, silbern und hell. Es war nur ein ganz kleines Licht, und es bewegte sich auf ihn zu. Das Licht wurde größer und größer, bis es nah bei ihm war. Und er erkannte einen Engel, so strahlend weiß, dass man ihn kaum vom glitzernden Schnee unterscheiden konnte. Und was da silbern leuchtete, so stark, dass es ihn fast blendete, war ein Schneeball. Der Engel nahm den Schneeball, legte ihn in seine kleinen Hände und sagte: „Sven, ich möchte dir das Leuchten mitgeben."

„Das Leuchten mitgeben?", fragte er erstaunt. Der Engel lächelte aufmunternd, blieb einige Augenblicke stehen und entfernte sich dann wieder langsam im Leuchten des Schnees. „Nimm deiner Mutter doch etwas vom glitzernden Schnee mit", hörte er ihn noch rufen.

„Aber was soll ich denn mit einer Handvoll Schnee anfangen?", rief Sven enttäuscht zurück. Dann öffnete er die Augen, sah, dass seine Hände leer waren, und lächelte, er formte einen Schneeball und machte sich damit auf den Heimweg, wobei er ein wenig über sich selbst lachen musste. Daheim angekommen, legte er den Schneeball zunächst einmal auf einen Holzstapel hinter dem Haus. Es war ja kalt genug, auftauen konnte er dort nicht.

Dann, am Heiligabend, als die Kerzen angezündet waren und Sven und seine Mutter ein Weihnachtslied gesungen hatten, gab sie ihm einen Pullover. Der war so, wie er ihn sich gewünscht hatte, in zehn verschiedenen Farben. Dann ging Sven hinaus, holte den Schneeball und legte ihn, wenn auch ganz verschämt, unter den Weihnachtsbaum. „Das ist mein Weihnachtsgeschenk für dich", sagte er.

Seine Mutter sah ihn erstaunt an.

„Er ist aus dem Wald", verteidigte sich Sven, „aus glitzerndem Schnee ist er." Seine Mutter sah ihn immer noch ganz eigenartig an, so eigenartig, dass er schon meinte, die Mutter sei nun böse auf ihn. Aber dann lachte sie plötzlich, sie lachte wie seit Monaten nicht mehr, fasste ihn unter den Armen und schleuderte ihn im Kreis und freute sich, als gelte es einen herrlichen Tag zu feiern. Aber es war ja auch einer.

„Schenkt mir doch mein Sohn zum Weihnachtsfest einen Schneeball!", lachte sie. „Einen Schneeball als Weihnachtsgeschenk in einem eingeschneiten Haus!"

Als die Mutter Sven wieder auf die Beine gestellt hatte, sahen sie, dass der Schneeball unter dem Weihnachtsbaum durch die Wärme der Kerzen geschmolzen war. Nur Wasser war übrig geblieben. Und die Tropfen funkelten strahlend hell wie hundert silberne Perlen.

Alfred Landmesser

Gefühle nach dem Kalender

Eigentlich ist es ja ein bisschen merkwürdig: Wenn nur noch wenige dünne Kalenderblätter den Abreißer vom 24. Dezember trennen, so senkt sich jenes weihnachtliche Gefühl auf ihn hernieder, das ihr alle kennt. Er wird ein bisschen weich, er wird ein wenig träumerisch, und wenn der ganze Apparat des Einkaufs vorbeigeklappert ist, wenn all das Tosen und Wirken vorüber ist, dann saugt er doch an seiner Weihnachtszigarre und denkt sich dies und das und allerlei. Aber wie denn? Kann man denn seine Gefühle kommandieren ...? Kann man denn – nach dem Kalender – seine Empfindungen regeln?

Man kann's nicht. Der Schnurriker Mynona erzählt einmal die Geschichte vom Schauspieler Nesselgrün, dem es plötzlich einfiel, sein ihm zustehendes Weihnachten im August zu feiern

– und unter unendlichem Hallo geht denn diese deplatzierte Festlichkeit auch vor sich. Aber wir haben doch gelacht, als wir das lasen. Könnten wir andern das auch? Es ist wohl nicht nur die Furcht, uns lächerlich zu machen – es muss noch etwas anderes sein.

Der Grund, dass wir wirklich – jedes Weihnachten – in jedem Jahr – immer aufs Neue imstande sind, genau um den 25. Dezember herum die gleichen starken Gefühle zu hegen, liegt doch wohl darin, dass sie sich angesammelt haben. Es muss doch irgendetwas da sein, das tropfenweise anschwillt, das ganze Jahr hindurch. Schließlich ist doch der Kalender etwas ganz Äußerliches, Relatives, wir sind in gewisser Hinsicht mit ihm verwachsen – aber die Zeit ist nicht in uns, wir sind in der Zeit. Und das kleine Blättchen, das den Vierundzwanzigsten anzeigt, ist kein Grund, es ist ein Signal und ein Anlass.

Ich habe immer das Gefühl, als ob wir jede Woche im Jahr weihnachtliche Empfindungen genug aufbrächten – aber gute Kaufleute, die wir sind, legen wir sie „in kleinen Posten" zurück, bis es sich einmal lohnt. Im Dezember ist dann das Maß meist voll.

Ist es nicht schließlich mit jedem Gedenktag so ...? Warum sollen wir gerade am neunzehnten an sie denken und warum nicht einen Tag später ...? „Heute vor einem Jahr ...", ach Gott, entweder wir empfinden immer, dass sie auf der Welt ist – oder wir empfinden's am neunzehnten auch nur konventionell. Gefühle nach dem Kalender –: Das geht nur, wenn der Kalender sie ins Rollen bringt.

Gefühle nach dem Kalender ... Wir haben alle nur keine Zeit, um gut zu sein, wie? Wir haben alle nur keine Zeit. Und müssen tausend- und tausendmal herunterschlucken und herunterdrücken und sind vielleicht im Grunde alle froh, allweihnachtlich einen Anlass gefunden zu haben, den gestauten Sentiments freien Lauf zu lassen. Wer erst nach dem Kalenderblatt sieht, sich vor den Kopf schlägt und „Ach, richtig!" ruft – dem ist nicht zu helfen.

Vielleicht hat diese neue – ehemals große – Zeit manches am deutschen Weihnachtsfest geändert. Ich weiß nicht, ob's innerlicher geworden ist. Es täte uns so not – nicht aus Gründen der Religion, die jedermanns Privatsache ist, sondern aus Gründen der Kultur. Diesem Volk schlägt ein Herz, aber es liegen so viel Kompressen darauf ... Reißt sie ab. Wagt einmal (was besonders dem Norddeutschen schwer- und sauer fällt), wagt einmal, geradeaus zu empfinden. Und wenn euch das Fest nach all dem, was geschehen ist, doppelt lieb, aber doppelt schwierig erscheint, dann denkt daran, wie ihr es im Feld gefeiert habt, und wo – und denkt daran, wie es ein Halt gewesen ist gegen die Lasten des äußern und innern Feindes und wie schon das Datum, wie schon der Kalender Trost war in verdammt schwarzen Tagen. Und – weil wir hier gerade alle versammelt sind – denkt schließlich und zu guter Letzt – auch an etwas anderes.

Nach dem Kalender fühlen ... Aber habt ihr einmal geliebt ...? Die Damen sehen in ihren Schoß, und die Herren lächeln so unmerklich, dass ich von meiner Kanzel her Mühe habe, es zu erkennen. Also ihr habt geliebt, und ihr – ich sehe keinen an – liebt noch. Nun, ihr Herren, und wenn sie Geburtstag hat? Nun, ihr Herren, und wenn der Tag auf dem Kalender steht, an dem ihr sie zum ersten Mal geküsst habt ...? Nun?

Ihr feiert das. Was im ganzen Jahr künstlich oder zufällig zurückgedämmt war – es bricht – wenn's eine richtige Liebe ist – elementar an solchem Tage hervor aus tiefen Quellen. Der Tag, dieser dumme Tag, der doch gleich allen anderen sein sollte, ist geheiligt und festlich und feierlich und freundlich – und ihr denkt und fühlt: sie – und nur sie. Nach dem Kalender ...?

Nicht nach dem Kalender. Ihr tragt alle den Kalender in euch. Es ist ja nicht das Datum oder die bewusste Empfindung, heute müsse man nun ... Es ist, wenn ihr überhaupt wisst, was ein Festtag ist, was Weihnachten ist: euer Herz.

Lasst uns einmal von dem Festtags-"Rummel" absehen, der in einer großen Stadt unvermeidlich ist, lasst uns einmal daran denken, wie Weihnachten gefeiert werden kann unter wenigen Menschen, die sich verstehen. Das ist kein Ansichtskarten-Weihnachten. Das ist nicht das Weihnachten des vierundzwanzigsten Dezembers allein – es ist das Weihnachten der Seele. Gibt es das ...?

Es soll es geben. Und gibt es auch, wenn ihr nur wollt. Grüßt, ihr Herren, die Damen, küsst ihnen leise die Hand (bitte in meinem Auftrag) und sagt ihnen, man könne sogar seine Gefühle nach dem Kalender regeln: zum Geburtstag, zum Gedenktag – und zu Weihnachten. Aber man muss welche haben.

Kurt Tucholsky

Von guten Mächten

Gefängnis
Prinz-Albrecht-Straße
19.12.1944

Meine liebste Maria!
Ich bin so froh, dass ich dir zu Weihnachten schreiben kann, und durch dich auch die Eltern und Geschwister grüßen und euch danken kann. Es werden sehr stille Tage in unsern Häusern sein. Aber ich habe immer wieder die Erfahrung gemacht, je stiller es um mich herum geworden ist, desto deutlicher habe ich die Verbindung mit euch gespürt. Es ist, als ob die Seele in der Einsamkeit Organe ausbildet, die wir im Alltag kaum kennen. So habe ich mich noch keinen Augenblick allein und verlassen gefühlt. Du, die Eltern, ihr alle, die Freunde und Schüler im Feld, ihr seid mir ganz gegenwärtig. Eure Gebete und guten Gedanken, Bibelworte, längst vergangene Gespräche, Musikstücke, Bücher bekommen Le-

ben und Wirklichkeit wie nie zuvor. Es ist ein großes und unsichtbares Reich, in dem man lebt und an dessen Realität man keinen Zweifel hat. Wenn es im alten Kinderlied von den Engeln heißt: „zweie, die mich decken, zweie, die mich wecken", so ist diese Bewahrung am Abend und am Morgen durch gute unsichtbare Mächte etwas, was wir Erwachsenen heute nicht weniger brauchen als die Kinder. Du darfst also nicht denken, ich sei unglücklich. Was heißt denn glücklich und unglücklich? Es hängt ja so wenig von den Umständen ab, sondern eigentlich nur von dem, was im Menschen vorgeht. Ich bin jeden Tag froh, dass ich dich, euch habe, und das macht mich glücklich und froh. –

Das Äußere ist hier kaum anders als in Tegel, der Tagesablauf derselbe, das Mittagessen wesentlich besser, Frühstück und Abendbrot etwas knapper. Ich danke euch für alles, was ihr mir mitgebracht habt. Die Behandlung ist gut und korrekt. Es ist gut geheizt. Nur die Bewegung fehlt mir, so schaffe ich sie mir bei offenem Fenster in der Zelle mit Turnen und Gehen. Einige Bitten: Ich würde gern von Wilhelm Raabe: „Abu Telfan" oder „Schüdderump" lesen. Könnt ihr meine Unterhosen so konstruieren, dass sie nicht rutschen? Man hat hier keine Hosenträger.

Ich bin froh, dass ich rauchen darf! Dass ihr alles für mich denkt und tut, was ihr könnt, dafür danke ich euch; das zu wissen ist für mich das Wichtigste. –

Es sind nun fast zwei Jahre, dass wir aufeinander warten, liebste Maria. Werde nicht mutlos! Ich bin froh, dass du bei den Eltern bist. Grüße deine Mutter und das ganze Haus sehr von mir. Hier noch ein paar Verse, die mir in den letzten Abenden einfielen. Sie sind der Weihnachtsgruß für dich und die Eltern und Geschwister.

Von guten Mächten treu und still umgeben,
behütet und getröstet wunderbar,
so will ich diese Tage mit euch leben
und mit euch gehen in ein neues Jahr.

Noch will das alte unsre Herzen quälen,
noch drückt uns böser Tage schwere Last.
Ach, Herr, gib unsern aufgeschreckten Seelen
das Heil, für das du uns geschaffen hast.

Und reichst du uns den schweren Kelch,
   den bittern
des Leids, gefüllt bis an den höchsten Rand,
so nehmen wir ihn dankbar ohne Zittern
aus deiner guten und geliebten Hand.

Doch willst du uns noch einmal Freude schenken
an dieser Welt und ihrer Sonne Glanz,
dann woll'n wir des Vergangenen gedenken,
und dann gehört dir unser Leben ganz.

Lass warm und hell die Kerzen heute flammen,
die du in unsre Dunkelheit gebracht,
führ, wenn es sein kann, wieder uns zusammen.
Wir wissen es, dein Licht scheint in der Nacht.

Wenn sich die Stille nun tief um uns breitet,
so lass uns hören jenen vollen Klang
der Welt, die unsichtbar sich um uns weitet,
all deiner Kinder hohen Lobgesang.

Von guten Mächten wunderbar geborgen
erwarten wir getrost, was kommen mag.
Gott ist mit uns am Abend und am Morgen
und ganz gewiss an jedem neuen Tag.

Sei mit Eltern und Geschwistern in großer Liebe
und Dankbarkeit gegrüßt.

Es umarmt dich
dein Dietrich

Lüttenweihnachten

„Tüchtig neblig heute", sagte am 20. Dezember der Bauer Gierke ziellos über den Frühstückstisch hin. Es war eigentlich eine ziemlich sinnlose Bemerkung, jeder wusste auch so, dass Nebel war, denn der Leuchtturm von Arkona heulte schon die ganze Nacht mit seinem Nebelhorn wie ein Gespenst, das das Ängsten kriegt.

Wenn der Vater die Bemerkung trotzdem machte, so konnte sie nur eines bedeuten. „Neblig ...?", fragte gedehnt sein dreizehnjähriger Sohn Friedrich.

„Verlauf dich bloß nicht auf deinem Schulwege", sagte Gierke und lachte.

Und nun wusste Friedrich genug, und auf seinem Zimmer steckte er schnell die Schulbücher aus dem Ranzen in die Kommode, lief in den Stellmacherschuppen und „borgte" sich eine kleine Axt und eine Handsäge. Dabei überlegte er: Den Franz von Gäbels nehm ich nicht mit, der kriegt Angst vor dem Rotvoß. Aber Schöns Alwert und die Frieda Benthin. Also los!

Wenn es für die Menschen Weihnachten gibt, so muss es das Fest auch für die Tiere geben. Wenn für uns ein Baum brennt, warum nicht auch für Pferde und Kühe, die doch das ganze Jahr unsere Gefährten sind? In Baumgarten jedenfalls feiern die Kinder vor dem Weihnachtsfest Lüttenweihnachten für die Tiere und dass es ein verbotenes Fest ist, von dem der Lehrer Beckmann nichts wissen darf, erhöht seinen Reiz. Nun hat der Lehrer Beckmann nicht nur körperlich einen Buckel, sondern er kann auch sehr bösartig werden, wenn seine Schüler etwas tun, was sie nicht sollen. Darum ist Vaters Wink mit dem nebligen Tag eine Sicherheit, dass das Schulschwänzen heute jedenfalls von ihm nicht allzu tragisch genommen wird.

Schule aber muss geschwänzt werden, denn wo bekommt man einen Weihnachtsbaum her? Den muss man aus dem Staatsforst an der See oben stehlen, das gehört zu Lüttenweihnachten. Und weil man beim Stehlen erwischt werden kann und weil der Förster Rotvoß ein schlimmer Mann ist, darum muss der Tag neblig sein, sonst ist es zu gefährlich. Wie Rotvoß wirklich heißt, das wissen die Kinder nicht, aber er ist der Förster und hat einen fuchsroten Vollbart, darum heißt er Rotvoß.

Von ihm reden sie, als sie alle drei etwas aufgeregt über die Feldraine der See entgegenlaufen. Schöns Alwert weiß von einem Knecht, den hat Rotvoß an einen Baum gebunden und so lange mit der gestohlenen Fichte geschlagen, bis keine Nadeln mehr daransaßen. Und Frieda weiß bestimmt, dass er zwei Mädchen einen ganzen Tag lang im Holzschauer eingesperrt hat, erst als Heiligenabend vorbei war, ließ er sie wieder laufen.

Sicher ist, sie gehen zu einem großen Abenteuer, und dass der Nebel so dick ist, dass man keine drei Meter weit sehen kann, macht alles noch viel geheimnisvoller. Zuerst ist es ja sehr einfach: Die Raine auf der Baumgartener Feldmark kennen sie: Das ist Rothspracks Winterweizen, und dies ist die Lehmkule, aus der Müller Timm sein Vieh sommers tränkt.

Aber sie laufen weiter, immer weiter, sieben Kilometer sind es gut bis an die See, und nun fragt es sich, ob sie sich auch nicht verlaufen im Nebel. Da ist nun dieser Leuchtturm von Arkona, er heult mit seiner Sirene, dass es ein Grausen ist, aber es ist so seltsam, genau kriegt man nicht weg, von wo er heult. Manchmal bleiben sie stehen und lauschen. Sie beraten lange, und als sie weitergehen, fassen sie sich an den Händen, die Frieda in der Mitte. Das Land ist so seltsam still, wenn sie dicht an einer Weide vorbeikommen, verliert sie sich nach oben ganz in Rauch. Es tropft sachte von ihren Ästen, tausend Tropfen sitzen überall, nein, die See kann man noch nicht hören. Vielleicht ist sie ganz glatt, man weiß es nicht, heute ist Windstille.

Plötzlich bellt ein Hund in der Nähe, sie stehen still, und als sie dann zehn Schritte weitergehen, stoßen sie an eine Scheunenwand. Wo sie hingeraten sind, machen sie aus, als sie um eine Ecke spähen. Das ist Nagels Hof, sie erkennen ihn an den bunten Glaskugeln im Garten.

Sie sind zu weit rechts, sie laufen direkt auf den Leuchtturm zu, und dahin dürfen sie nicht, da ist kein Wald, da ist nur die steile, kahle Kreideküste. Sie stehen noch eine Weile vor dem Haus, auf dem Hof klappert einer mit Eimern, und ein Knecht pfeift im Stall: Es ist so heimlich! Kein Mensch kann sie sehen, das große Haus vor ihnen ist ja nur wie ein Schattenriss.

Sie laufen weiter, immer nach links, denn nun müssen sie auch vermeiden, zum alten Schulhaus zu kommen – das wäre so schlimm! Das alte Schulhaus ist gar kein Schulhaus mehr, was soll hier in der Gegend ein Schulhaus, wo keine Menschen leben – nur die paar weit verstreuten

Höfe ... Das Schulhaus besteht nur aus runter-gebrannten Grundmauern, längst verwachsen, verfallen, aber im Sommer blüht hier herrlicher Flieder. Nur dass ihn keiner pflückt. Denn dies ist ein böser Platz, der letzte Schullehrer hat das Haus abgebrannt und sich aufgehängt. Friedrich Gierke will es nicht wahrhaben, sein Vater hat gesagt, das ist Quatsch, ein Altenteilhaus ist es mal gewesen. Und es ist gar nicht abgebrannt, sondern es hat leer gestanden, bis es verfiel. Da-rüber geraten die Kinder in großen Streit.

Ja, und das Nächste, dem sie nun begegnen, ist grade dies alte Haus. Mitten in ihrer Streiterei laufen sie grade darauf zu! Ein Wunder ist es in diesem Nebel. Die Jungens können's nicht las-sen, drinnen ein bisschen zu stöbern, sie suchen etwas Verbranntes. Frieda steht abseits auf dem Feldrain und lockt mit ihrer hellen Stimme. Ganz nah, wie schräg über ihnen, heult der Turm, es ist schlimm anzuhören. Es setzt so langsam ein und schwillt und schwillt, und man denkt, der Ton kann gar nicht mehr voller werden, aber er nimmt immer mehr zu, bis das Herz sich ängs-tigt und der Atem nicht mehr will –: „Man darf nicht so hinhören ...“

Jetzt sind es höchstens noch zwanzig Minuten bis zum Wald. Alwert weiß sogar, was sie hier finden: erst einen Streifen hoher Kiefern, dann Fichten, große und kleine, eine Wildnis, grade, was sie brauchen, und dann kommen die Dünen, und dann die See. Ja, nun beraten sie, während sie über einen Sturzacker wandern: erst der Baum oder erst die See? Klüger ist es, erst an die See, denn wenn sie mit dem Baum länger umherlaufen, kann sie Rotvoß doch erwischen, trotz des Nebels. Sind sie ohne Baum, kann er ihnen nichts sagen, obwohl er zu fragen fertigbringt, was Friedrich in seinem Ranzen hat. Also erst See, dann Baum.

Plötzlich sind sie im Wald. Erst dachten sie, es sei nur ein Grasstreifen hinter dem Sturzacker, und dann waren sie schon zwischen den Bäumen, und die standen enger und enger. Richtung? Ja, nun hört man doch das Meer, es donnert nicht grade, aber gestern ist Wind gewesen, es wird eine starke Dünung sein, auf die sie zulaufen.

Und nun seht, das ist nun doch der richtige Baum, den sie brauchen, eine Fichte, eben gewachsen, unten breit, ein Ast wie der andere, jedes Ende gesund – und oben so schlank, eine Spitze so hell, in diesem Jahre getrieben. Kein Gedanke, diesen Baum stehen zu lassen, so einen finden sie nie wieder. Ach, sie sägen ihn ruchlos ab, sie bekommen ein schönes Lüttenweihnachten, das herrlichste im Dorf, und Posten stellen sie auch nicht aus. Warum soll Rotvoß grade hierherkommen? Der Waldstreifen ist über zwanzig Kilometer lang. Sie binden die Äste schön an den Stamm, und dann essen sie ihr Brot, und dann laden sie den Baum auf, und dann laufen sie weiter zum Meer.

Zum Meer muss man doch, wenn man ein Küstenmensch ist, selbst mit solchem Baum. Anderes Meer haben sie näher am Hof, aber das sind nur Bodden und Wieks. Dies hier ist richtiges Außenmeer, hier kommen die Wellen von weit, weit her, von Finnland oder von Schweden oder auch von Dänemark. Richtige Wellen ...

Also, sie laufen aus dem Wald über die Dünen. Und nun stehen sie still.

Nein, das ist nicht mehr die Brandung allein, das ist ein seltsamer Laut, ein wehklagendes Schreien, ein endloses Flehen, tausendstimmig. Was ist es? Sie stehen und lauschen.

„Jung, Manning, das sind Gespenster!"

„Das sind die Ertrunkenen, die man nicht begraben hat."

„Kommt, schnell nach Haus!"

Und darüber heult die Nebelsirene.

Seht, es sind kleine Menschentiere, Bauernkinder, voll von Spuk und Aberglauben, zu Haus wird noch besprochen, da wird gehext und blau gefärbt. Aber sie sind kleine Menschen, sie laden ihren Baum wieder auf und waten doch durch den Dünensand dem klagenden Geschrei entgegen, bis sie auf der letzten Höhe stehen, und ...

Und was sie sehen, ist ein Stück Strand, ein Stück Meer. Hier über dem Wasser weht es ein wenig, der Nebel zieht in Fetzen, schließt sich, öffnet den Ausblick. Und sie sehen die Wellen, grüngrau, wie sie umstürzen, weiß schäumend draußen auf der äußersten Sandbank, näher tobend, brausend. Und sie sehen den Strand, mit Blöcken besät, und dazwischen lebt es, dazwischen schreit es, dazwischen watschelt es in Scharen ...

„Die Wildgänse!", sagen die Kinder. „Die Wildgänse ...!"

Sie haben nur davon gehört, sie haben es noch nie gesehen, aber nun sehen sie es. Das sind die Gänsescharen, die zum offenen Wasser ziehen, die hier an der Küste Station machen, eine Nacht oder drei, um dann weiterzuziehen nach Polen oder wer weiß wohin, Vater weiß es auch nicht. Da sind sie, die großen wilden Vögel, und sie schreien, und das Meer ist da und der Wind und der Nebel, und der Leuchtturm von Arkona heult, und die Kinder stehen da mit ihrem gemausten Tannenbaum und starren und lauschen und trinken es in sich ein ...

Und plötzlich sehen sie noch etwas, und magisch verführt gehen sie dem Wunder näher. Abseits, zwischen den hohen Steinblöcken, da steht ein Baum, eine Fichte wie die ihre, nur viel, viel höher, und sie ist besteckt mit Lichtern, und die Lichter flackern im leichten Windzug ...

„Lüttenweihnachten", flüstern die Kinder. „Lüttenweihnachten für die Wildgänse ..."

Immer näher kommen sie, leise gehen sie, auf den Zehen – oh, dieses Wunder! –, und um den Felsblock biegen sie. Da ist der Baum vor ihnen in all seiner Pracht, und neben ihm steht ein Mann, die Büchse über der Schulter, ein roter Vollbart ...

„Ihr Schweinekerls!", sagt der Förster, als er die drei mit der Fichte sieht.

Und dann schweigt er. Und auch die Kinder sagen nichts. Sie stehen und starren. Es sind kleine Bauerngesichter, sommersprossig, selbst jetzt im Winter, mit derben Nasen und einem festen Kinn, es sind Augen, die was in sich reinsehen. Immerhin, denkt der Förster, haben sie mich auch erwischt beim Lüttenweihnachten. Und der Pastor sagt, es sind Heidentücken. Aber was soll man denn machen, wenn die Gänse so schreien und der Nebel so dick ist und die Welt so eng und so weit und Weihnachten vor der Tür ... Was soll man da machen ...?

Man soll einen Vertrag machen auf ewiges Stillschweigen, und die Kinder wissen ja nun, dass der gefürchtete Rotvoß nicht so schlimm ist, wie sich die Leute erzählen.

Ja, da stehen sie nun: ein Mann, zwei Jungen, ein Mädel. Die Kerzen flackern am Baum, und ab und zu geht auch eine aus. Die Gänse schreien, und das Meer braust und rauscht. Die Sirene heult. Da stehen sie, es ist eine Art Versöhnungsfest, sogar auf die Tiere erstreckt, es ist Lüttenweihnachten. Man kann es feiern, wo man will, am Strande auch, und die Kinder werden es nachher in ihres Vaters Stall noch einmal feiern. Und schließlich kann man hingehen und danach handeln. Die Kinder sind imstande und bringen es fertig, die Tiere nicht unnötig zu quälen und ein bisschen nett zu ihnen zu sein. Zuzutrauen ist ihnen das.

Das Ganze aber heißt Lüttenweihnachten und ist ein verbotenes Fest, der Lehrer Beckmann wird es ihnen morgen schon zeigen!

Hans Fallada

Interview mit dem Weihnachtsmann

Eine vorweihnachtliche Betrachtung

Es hatte schon wieder geklingelt. Das neunte Mal im Verlauf der letzten Stunde! Heute hatten, so schien es, die Liebhaber von Klingelknöpfen Ausgang. Mürrisch rollte ich mich türwärts und öffnete.

Wer, glauben Sie, stand draußen? Sankt Nikolaus persönlich! In seiner bekannten historischen Ausrüstung. „Oh", sagte ich. „Der eilige Nikolaus!"

„Der heilige, wenn ich bitten darf. Mit h!" Es klang ein wenig pikiert. „Als Junge habe ich Sie immer den eiligen Nikolaus genannt. Ich fand's plausibler." – „Sie waren das?" – „Erinnern Sie sich denn noch daran?" – „Natürlich! Ein kleiner hübscher Bengel waren Sie damals!"

„Klein bin ich immer noch." – „Und nun wohnen Sie also hier." – „Ganz recht." Wir lächelten resigniert und dachten an vergangene Zeiten.

„Bleiben Sie noch ein bisschen!", bat ich. „Trinken Sie noch eine Tasse Kaffee mit mir!" Er tat mir, offen gestanden, leid.

Was soll ich Ihnen sagen? Er blieb. Er ließ sich herbei. Erst putzte er sich am Türvorleger die Stiefel sauber, dann stellte er den Sack neben die Garderobe, hängte die Rute an einen der Haken, und schließlich trank er mit mir in der Wohnstube Kaffee.

„Zigarre gefällig?" – „Das schlag ich nicht ab." Ich holte die Kiste. Er bediente sich. Ich gab ihm Feuer. Dann zog er sich mithilfe des linken den rechten Stiefel aus und atmete erleichtert auf. „Es ist wegen der Plattfußeinlage. Sie drückt niederträchtig." – „Sie Ärmster! Bei Ihrem Beruf!" – „Es gibt weniger Arbeit als früher. Das kommt meinen Füßen zupass. Die falschen Nikoläuse schießen wie die Pilze aus dem Boden."

„Eines Tages werden die Kinder glauben, dass es Sie, den echten, überhaupt nicht mehr gibt." – „Auch wahr! Die Kerls schädigen meinen Beruf! Die meisten von denen, die sich einen Pelz anziehen, einen Bart umhängen und mich kopieren, haben nicht das mindeste Talent! Es sind Stümper!" – „Weil wir gerade von Ihrem Beruf sprechen", sagte ich, „hätte ich eine Frage an Sie, die mich schon seit meiner Kindheit beschäftigt. Damals traute ich mich nicht. Heute schon eher. Denn ich bin Journalist geworden." – „Macht nichts", meinte er und goss sich Kaffee zu. „Was wollen Sie seit Ihrer Kindheit von mir wissen?" – „Also", begann ich zögernd, „bei Ihrem Beruf handelt es sich doch eigentlich um eine Art ambulanten Saisongewerbes, nicht? Im Dezember haben Sie eine Menge Arbeit. Es drängt sich alles auf ein paar Wochen zusammen.

Man könnte von einem Stoßgeschäft reden. Und nun ..." – „Hm?" – „Und nun wüsste ich brennend gern, was Sie im übrigen Jahr tun!"

Der gute alte Nikolaus sah mich einigermaßen verdutzt an. Es machte fast den Eindruck, als habe ihm noch niemand die so naheliegende Frage gestellt.

„Wenn Sie sich nicht darüber äußern wollen ..." – „Doch, doch", brummte er. „Warum denn nicht?" Er trank einen Schluck Kaffee und paffte einen Rauchring. „Der November ist natürlich mit der Materialbeschaffung mehr als ausgefüllt. In manchen Ländern gibt's plötzlich keine Schokolade. Niemand weiß wieso. Oder die Äpfel werden von den Bauern zurückgehalten. Und dann das Theater an den Zollgrenzen. Und die vielen

Transportpapiere. Wenn das so weitergeht, muss ich nächstens den Oktober noch dazunehmen. Bis jetzt benutze ich den Oktober eigentlich dazu, mir in stiller Zurückgezogenheit den Bart wachsen zu lassen."

„Sie tragen den Bart nur im Winter?" – „Selbstverständlich. Ich kann doch nicht das ganze Jahr als Weihnachtsmann herumrennen. Dachten Sie, ich behielte auch den Pelz an? Und schleppte 365 Tage den Sack und die Rute durch die Gegend? Na also. – Im Januar mache ich dann die Bilanz. Es ist schrecklich. Weihnachten wird von Jahrhundert zu Jahrhundert teurer!" – „Versteht sich." – „Dann lese ich die Dezemberpost. Vor allem die Kinderbriefe. Es hält kolossal auf, ist aber nötig. Sonst verliert man den Kontakt mit der Kundschaft." – „Klar." – „Anfang Februar lasse ich mir den Bart abnehmen."

In diesem Moment läutete es wieder an der Flurtür. „Entschuldigen Sie mich, bitte?" Er nickte. Draußen vor der Tür stand ein Hausierer mit schreiend bunten Ansichtskarten und erzählte mir eine sehr lange und sehr traurige Geschichte, deren ersten Teil ich mir tapfer und mit zusammen-„gebissenen" Ohren anhörte. Dann gab ich ihm das Kleingeld, das ich lose bei mir trug, und wir wünschten einander auch weiterhin alles Gute. Obwohl ich mich standhaft weigerte, drängte er mir als Gegengeschenk ein halbes Dutzend der schrecklichen Karten auf. Er sei, sagte er, schließlich kein Bettler. Ich achtete seinen schönen Stolz und gab nach. Endlich ging er. Als ich ins Wohnzimmer zurückkam, zog Nikolaus gerade ächzend den rechten Stiefel an. „Ich muss weiter", meinte er, „es hilft nichts. Was haben Sie denn da in der Hand?" – „Postkarten. Ein Hausierer zwang sie mir auf." – „Geben Sie her. Ich weiß Abnehmer. Besten Dank für Ihre Gastfreundschaft. Wenn ich nicht der Weihnachtsmann wäre, könnte ich Sie beneiden."

Wir gingen in den Flur, wo er seine Utensilien aufnahm. „Schade", sagte ich. „Sie sind mir noch einen Teil Ihres Jahreslaufs schuldig." Er zuckte die Achseln. „Viel ist im Grunde nicht zu erzählen. Im Februar kümmere ich mich um den Kinderfasching. Später ziehe ich auf Frühjahrsmärkten umher. Mit Luftballons und billigem mechanischen Spielzeug. Im Sommer bin ich Bademeister und gebe Schwimmunterricht. Manchmal verkaufe ich auch Eiswaffeln in den Straßen. Ja, und dann kommt schon wieder der Herbst – und nun muss ich wirklich gehen."

Wir schüttelten uns die Hand. Ich sah ihm vom Fenster aus nach. Er stapfte mit großen, hastigen Schritten durch den Schnee. An der Ecke Ungerstraße wartete ein Mann auf ihn. Er sah wie der Hausierer aus, wie der redselige mit den blöden Ansichtskarten. Sie bogen gemeinsam um die Ecke. Oder hatte ich mich getäuscht? Eine Viertelstunde danach klingelte es schon wieder. Diesmal erschien der Laufbursche des Delikatessengeschäftes Zimmermann Söhne. Ein angenehmer Besuch! Ich wollte bezahlen, fand aber die Brieftasche nicht gleich. „Das hat ja Zeit, Herr Doktor", meinte der Bote väterlich. „Ich möchte wetten, dass sie auf dem Schreibtisch gelegen hat!", sagte ich. „Nun gut, ich begleiche die Rechnung morgen. Aber warten Sie noch, ich bring' Ihnen eine gute Zigarre!" Die Kiste mit den Zigarren fand ich auch nicht gleich. Das heißt, später fand ich sie ebenso wenig. Die Zigarren nicht. Die Brieftasche auch nicht. Das silberne Zigarettenetui war auch nicht zu finden. Und die Manschettenknöpfe mit den großen Mondsteinen und die Frackperlen waren weder an ihrem Platz noch sonst wo. Jedenfalls nicht in meiner Wohnung.

Ich konnte mir gar nicht erklären, wohin das alles geraten sein mochte. Es wurde trotzdem ein stiller hübscher Abend. Es klingelte niemand mehr. Wirklich ein gelungener Abend. Nur irgendetwas fehlte mir. Aber was? Eine Zigarre? Natürlich! Glücklicherweise war das goldene Feuerzeug auch nicht mehr da. Denn das muss ich, obwohl ich ein ruhiger Mensch bin, bekennen: Feuer zu haben, aber nichts zum Rauchen im Haus, das könnte mir den ganzen Abend verderben!

Erich Kästner

Das attraktive
Seifenschälchen

War das mal wieder ein Stress dieses Jahr vor dem Fest! Essen vorbereitet für drei Tage, die Wohnung geputzt und dekoriert, Weihnachtskarten geschrieben und viele, viele Geschenke gekauft. Morgen ist Heiligabend und ich bin heilfroh, dass jetzt wirklich alles fertig ist. Jetzt können wir uns in Ruhe auf die Feiertage freuen. Was jetzt nicht besorgt ist, das fehlt dann eben. Da fällt mir ein, dass ich meiner Nachbarin, Frau Neuhaus, versprochen hatte, noch mal kurz auf eine Tasse Kaffee bei ihr vorbeizukommen. Kann man einen Tag vor Weihnachten jemanden besuchen, ohne ein Geschenk dabei zu haben? Eigentlich nicht. Weihnachten ist doch das Fest des Gebens. Aber was tun? Die Geschäfte sind geschlossen. Da habe ich die rettende Idee und mir fällt ein, dass ich zu einem ähnlichen Anlass im letzten Jahr von der Mutter eines Freundes meines Sohnes ein attraktives Seifenschälchen bekommen habe. Es sah ein bisschen aus wie ein Werbegeschenk, das man bei diesen Kaffeefahrten bekommt. Ich habe es nicht benutzt, genauer gesagt hatte ich es ausgepackt und irgendwo in der Schublade verstaut, in der die Dinge aufbewahrt werden, für die es keinen richtigen Platz gibt. Ja, denke ich, Seifenschälchen gehen immer. Ich krame das etwas verstaubte Teil aus der Schublade hervor, packe es noch nett ein und mache mich auf den Weg zu meiner Nachbarin. Sie hatte noch ein paar andere Frauen eingeladen. Er war wirklich nett, unser kleiner vorweihnachtlicher Plausch bei Kaffee, Kuchen und Kerzenlicht. Bis auf die Kleinigkeit und Peinlichkeit, als die Nachbarin die mitgebrachten Geschenke auspackte. Frau Jäger, besagte Mutter des Freundes meines Sohnes, war nämlich auch da und ich wollte am liebsten im Boden versinken, wenn ich mir vorstellte, was passieren würde, wenn sie ihr Seifenschälchen wiedererkannte. „Ach, wie entzückend, ein Kerzenständer!" Frau Neuhaus war begeistert. Der Kerzenständer war eine Gabe von Frau Martin von gegenüber. Frau Neuhaus strahlte Frau Martin an und bedankte sich. Die aber strahlte nicht zurück, sondern sah hochroten Kopfes die neben sich sitzende Frau Jäger an, die ziemlich zynisch zischte: „Der kommt mir aber bekannt vor." Vermutlich hatte Frau Jäger also im letzten Jahr den Kerzenständer Frau Martin geschenkt, die ihn in diesem Jahr an Frau Neuhaus weitergereicht hatte. Kein Grund zur Aufregung, dachte ich noch, als Frau Neuhaus mein Päckchen mit dem attraktiven Seifenschälchen auspackte. „Wunderschön", rief sie und ich warf einen demütigen Blick auf Frau Jäger. Doch die schien sich, manchmal hat man eben Glück, nicht an das Seifenschälchen zu erinnern. Inzwischen packte meine Nachbarin das nächste Geschenk aus mit den Worten: „Ich bitte Sie, das wär doch nicht nötig gewesen, Sie sollten mir doch nichts mitbringen." Nein, das hätten wir wohl nicht tun sollen, denn in dem Paket von Frau Becker steckte ein mit weihnachtlichen Motiven geschmückter Kaffeebecher, dessen Anblick Frau Neuhaus mit großer Wiedersehensfreude erfüllte. Ich habe später alle Beteiligten getrennt voneinander befragt, konnte aber den Gang von Kerzenständer, Seifenschälchen und Kaffeebecher nicht ganz bis zum Jahr des käuflichen Erwerbens zurückverfolgen. Unbestätigten Gerüchten zufolge sollen alle Damen vor Jahren einmal an einer Kaffeefahrt teilgenommen haben.

Rita Fehling

23

Wintermorgen

Die Fee, bei der er einen Wunsch frei hat, gibt es für jeden. Allein nur wenige wissen sich des Wunsches zu entsinnen, den sie taten; nur wenige erkennen darum später im eigenen Leben die Erfüllung wieder. Ich weiß den, der mir in Erfüllung ging, und will nicht sagen, dass er klüger gewesen ist als der der Märchenkinder. Er bildete sich in mir mit der Lampe, wenn sie am frühen Wintermorgen um halb sieben sich meinem Bette näherte und den Schatten des Kindermädchens an die Decke warf. Im Ofen wurde Feuer angezündet. Bald sah die Flamme, wie in ein viel zu kleines Schubfach eingepfercht, wo sie vor Kohlen kaum sich rühren konnte, zu mir hin. Und doch war es ein so Gewaltiges, das dort in nächster Nähe, kleiner als ich selbst, sich einzurichten anfing und zu dem die Magd sich tiefer bücken musste als zu mir. Wenn es versorgt war, tat sie einen Apfel zum Braten in die Ofenröhre. Bald zeichnete sich das Gatter der Kamintür im roten Flackern auf der Diele ab. Und meiner Müdigkeit kam vor, sie habe an diesem Bilde für den Tag genug. So war es um diese Stunde immer; nur die Stimme des Kindermädchens störte den Vollzug, mit dem der Wintermorgen mich den Dingen in meinem Zimmer anzutrauen pflegte. Noch war die Jalousie nicht hochgezogen, da schob ich schon zum ersten Mal den Riegel der Ofentür beiseite, um dem Apfel in seiner Röhre nachzuspüren. Manchmal hatte er sein Aroma noch kaum verändert. Und dann geduldete ich mich, bis ich den schaumigen Duft zu wittern glaubte, der aus einer tieferen und verschwiegeneren Zelle des Wintertages kam als selbst der Duft des Baums am Weihnachtsabend. Da lag die dunkle, warme Frucht, der Apfel, der sich, vertraut und doch verändert wie ein guter Bekannter, der verreist war, bei mir einfand. Es war die Reise durch das dunkle Land der Ofenhitze, der er die Aromen von allen Dingen abgewonnen hatte, welche der Tag mir in Bereitschaft hielt. Und darum war es auch nicht sonderbar, dass immer, wenn ich an seinen blanken Wangen meine Hände wärmte, ein Zögern mich beschlich, ihn anzubeißen. Ich spürte, dass die flüchtige Kunde, die er in seinem Dufte brachte, allzu leicht mir auf dem Wege über meine Zunge entkommen könne. Jene Kunde, die mich manchmal so beherzte, dass sie mich noch auf dem Marsch zur Schule tröstete. Dort angelangt, kam freilich bei Berührung mit meiner Bank die ganze Müdigkeit, die erst verflogen schien, verzehnfacht wieder. Und mit ihr jener Wunsch: ausschlafen zu können. Ich habe ihn wohl tausendmal getan und später ging er wirklich in Erfüllung. Doch lange dauerte es, bis ich sie darin erkannte, dass noch jedes Mal die Hoffnung, die ich auf Stellung und ein sicheres Brot gehegt hatte, umsonst gewesen war.

Walter Benjamin

Ein Glockenschlag

Was zog ich alles in dieser Heiligen Christnacht hervor aus dem Versteck, über welchem du deine Bücherhaufen aufgeschichtet hattest! Armer Oheim! Verstaubt, zerfallend Kinderspielzeug der verschiedensten Art – Puppen, kleine hölzerne Töpfchen und Schälchen, ein zerbrochenes Stühlchen und zuletzt einen dürren Weihnachtsbaum, an dessen Zweigen hier und da noch etwas Goldschaum haftete, auf dessen Spitze noch ein zerknitterter Stern von Silberpapier befestigt war. Mit übereinandergeschlagenen Armen stand ich inmitten dieser totalen Freuden; der Rabe krächzte, die Lampe hatte allmählich ihr Öl verzehrt und war dem Verlöschen nahe ... ein Glockenschlag erweckte mich aus meinem stundenlangen Brüten – die Weihnachtsglocken von Finkenrode! Die Weihnachtsglocken meiner Kindheitszeit! Ich fuhr mit der Hand über die Stirn und lauschte; unwiderstehlich zog es mich hinaus in die Heilige Nacht. Ich hatte den Mantel übergeworfen; ich fand mich in der Straße, ohne zu wissen wie. Alles still und dunkel! Kein Stern am Himmel - kein Lichtlein auf Erden! Glockenklang, Glockenklang der Heimat!

Ich schritt langsam durch die schweigenden, schneebedeckten Straßen, das Erwachen der Stadt erwartend. - Dort flammt ein Licht auf, dort wieder eins. Sie bewegen sich in den Häusern hin und her durch die Gemächer. Sieh da! Sieh da, ein Weihnachtsbaum im vollen Glanz! Haustüren öffnen sich hier und da, eine Gestalt, in einen Mantel gehüllt, streicht an mir vorüber. In immer hellerm Glanz leuchtet das Städtlein Finkenrode. Ich folge dem Glockenklang durch die Gassen auf den Marktplatz - vor mir strahlt die Kirche des heiligen Martin mit ihren hohen, spitzen, erleuchteten Fenstern; die beiden Türme verlieren sich vollständig in dem Nebel und der Dunkelheit. Ich lehne mich an einen Pfeiler des weit geöffneten Portals und lausche. Hallen einmal einen Augenblick die Glocken über mir aus, so klingt leise, leise das Geläut eines fernen Walddorfes herüber. Noch ist die Kirche menschenleer, die Wände des heiligen Gebäudes entlang schimmern die Totenkränze im Glanz der Kronleuchter. Tannengezweig windet sich an den Pfeilern empor. -

Jetzt ist das christliche Volk erwacht und regt sich. Männer und Weiber schreiten durch die Gassen und über den Markt, auf die Kirchentüren zu, die Gesangbücher an die Brust gedrückt. Die Kinder führen ihre bunten Weihnachtspuppen mit sich, junge Mädchen entfalten strahlend den neuesten Putz. Zwischen den modernen Hüten und Hauben der Weiber schimmern hier und da die landesüblichen, seltsamen Kugelmützen von Gold- und Silberstoff, die Kopfbedeckungen der älteren Bürgersfrauen, hervor. Immer dichter werden die Scharen, die an mir vorüberziehen. Jeder Kirchgänger führt ein Wachslicht mit sich, welches an einer am Eingang der Kirche hängenden kleinen Lampe angezündet wird. Schon flammen Hunderte von Kerzen, schon braust die Orgel, der Gesang der Menge fällt ein – weit über die kleine Stadt hin, bis tief hinein in die stillen Berge, wo der Hirsch und der Fuchs verwundert aufhorchen, erklingt die Feier des Christmorgens.

Wilhelm Raabe

Inhalt

Quellennachweis

Bilder:
Kerzenillustrationen: © stock.adobe.com/Chica, S. 3: © stock.adobe.com/Elena, S. 8: © stock.adobe.com/Marina Grau, S. 21: © stock.adobe.com/alinaosadchenko, S. 40: © stock.adobe.com/Фефелова Яна, S. 47: © stock.adobe.com/Veris Studio, S. 52: © stock.adobe.com/rom-anni, S. 57: © stock.adobe.com/la_puma, S. 77: © stock.adobe.com/Barv-Art, S. 87: © stock.adobe.com/franz12, S. 97: © stock.adobe.com/Ardea-studio, S. 131: © stock.adobe.com/Anastasiia, S. 137: © stock.adobe.com/Nektarstock.

Texte:
1. *Helmut Zöpfl*, Vom Sinn und Unsinn des Wartens, aus: Ders., Mein großes Weihnchtsbuch, S. 80–83 © Rosenheimer Verlagshaus GmbH & Co. KG, Rosenheim 2010, ISBN: 978-3-475-54052-3.
2. *Andreas Knapp*, Schneekristall, aus: Ders., Mit Engeln und Eseln. Weise Weihnachtsgeschichten © Echter Verlag, Würzburg, 5. Auflage 2020, S. 61–66.
3. *Stefan Reisner*, Die Steine wackeln © Alle Rechte beim Autor.
4. *Willi Fährmann*, Barbara und die Bergleute, aus: Die schönsten Weihnachtsgeschichten, Kevelaer 2013.
5. *Dietrich Mendt*, Der Engel im Briefkasten, aus: Ders., Von der Erfindung der Weihnachtsfreude © ²2012 Evangelische Verlagsanstalt GmbH Leipzig.
7. *Renate Schupp*, Der Schächtelchen-Kalender © Alle Rechte bei der Autorin.
9. Textauszug aus: *Hermann Hesse*, Schaufenster vor Weihnachten, aus: Ders., Sämtliche Werke in 20 Bänden.

Herausgegeben von Volker Michels. Band 14: Betrachtungen und Berichte 1927–1961 © Suhrkamp Verlag Frankfurt am Main 2003. Alle Rechte bei und vorbehalten durch den Suhrkamp Verlag Berlin.

11. *Hanns Dieter Hüsch,* Schuhschwämmchen, aus: Ders., Frohes Fest, 2020/5 © tvd-Verlag Düsseldorf, 2008.

12. *Ingo Schulze,* Schöne, wertvolle Dinge, aus: Das Geschenk. Herausgegeben von Peter Mathews. © 2001 Berlin Verlag in der Piper Verlag GmbH, Berlin.

15. *Axel Hacke,* Wenn es weihnachtet, aus: Ders., Alle Jahre schon wieder © Verlag Antje Kunstmann GmbH, München 2009.

16. *Klaus-Peter Hertzsch,* Advent hinter sieben Türen © Martin Hertzsch.

17. *Alfred Landmesser,* Weit hinten im Tal, aus: Die schönsten Geschichten für Weihnachten © Rosenheimer Verlagshaus GmbH & Co. KG, Rosenheim 2006.

21. *Erich Kästner,* Interview mit dem Weihnachtsmann, aus: Ders., Interview mit dem Weihnachtsmann © Thomas Kästner.

22. *Rita Fehling,* Das attraktive Seifenschälchen © Alle Rechte bei der Autorin.

Wir danken allen Rechteinhabern für die freundlich erteilte Abdruckerlaubnis. Der Verlag hat sich bemüht, alle Rechteinhaber in Erfahrung zu bringen. Für zusätzliche Hinweise sind wir dankbar.